FARANDOLE

PAR

LE VICOMTE PONSON DU TERRAIL

AUTEUR DE :

La Comtesse de Gramont, la Tour du Roi, les Bohémiens de Londres, les Bohêmes de Paris, Coquelicot, le Testament de Grain-de-Sel, le Trou de Satan, les Chevaliers du Clair de lune, Amaury le Vengeur, la Belle Antonia, les Etudiants de Heidelberg, les Gandins, la Jeunesse du roi Henri, le Serment des Quatre Valets, les Mémoires d'un Homme du Monde, le diamant du Commandeur, les Drames de Paris, les Exploits de Rocambole, le Club des Valets de Cœur, la Revanche de Baccarat, la Dame au Gant noir, les Compagnons de l'Epée, etc.

II

PARIS

L. DE POTTER, LIBRAIRE-ÉDITEUR

RUE FONTAINE MOLIÈRE, 27.

FARANDOLE

AVIS AUX PERSONNES QUI VEULENT MONTER UN CABINET DE LECTURE.

BIBLIOTHÈQUE
DES
MEILLEURS ROMANS MODERNES
2,100 vol. environ, format in-8°. — Prix : 2,500 fr.

Cette collection contient les NOUVEAUTÉS de nos auteurs les plus en vogue publiées jusqu'à ce jour par la maison, lesquelles sont accompagnées d'affiches à gravures et autres.
Les Libraires qui feront cette acquisition recevront **GRATIS** cent exemplaires du Catalogue complet et détaillé avec une nerture imprimée a leur nom pour être distribués à leurs abonnés.
La Maison traite de gré à gré pour un nombre moins considérable de volumes à des conditions très-avantageuses.
Le prix de chaque ouvrage, pris séparément, est de *cinq francs* net le volume.
Grandes facilités de payement moyennant les renseignements d'usage. Le Catalogue se distribue gratis aux personnes qui en ont la demande par lettres affranchies.

Wassy. — Imprimerie de Mougin-Dallemagne.

FARANDOLE

PAR

LE VICOMTE PONSON DU TERRAIL

auteur de

La Comtesse de Gramont, la Tour du Roi, les Bohémiens de Londres, les Bohêmes de Paris, Coquelicot, le Testament de Grain-de-Sel, le Trou de Satan, les Chevaliers du Clair de lune, Amaury le Vengeur, la Belle Antonia, les Etudiants de Heidelberg, les Gandins, la Jeunesse du roi Henri, le Serment des Quatre Valets, les Mémoires d'un Homme du Monde, le diamant du Commandeur, les Drames de Paris, les Exploits de Rocambole, le Club des Valets de Cœur, la Revanche de Baccarat, la Dame au Gant noir, les Compagnons de l'Epée, etc.

II

PARIS

L. DE POTTER, LIBRAIRE-ÉDITEUR

RUE FONTAINE MOLIÈRE, 27.

Droits de traduction et de reproduction réservés.

1864

LES MÉTAMORPHOSES DU CRIME

PAR
XAVIER DE MONTÉPIN

Le titre de ce livre est étrange. — Le livre est plus étrange encore. — L'imagination ne saurait rêver rien de plus terrible, de plus curieux, de plus émouvant, que le drame mystérieux et sinistre qui se déroule dans le nouveau roman de l'auteur des *Marionnettes du Diable* et des *Compagnons de la Torche*.

Nous ne croyons pas qu'il soit possible de pousser plus loin l'intérêt. — Le lecteur oppressé, haletant, agité d'une curiosité fiévreuse, ne peut quitter le livre commencé et va tout d'une haleine de la première à la dernière page.

Nous devons ajouter que les évènements dramatiques racontés avec un talent hors ligne, reposent sur une base réelle, et que la donnée primitive du roman est empruntée à un procès criminel oublié aujourd'hui, mais qui fit grand bruit en 1830, et préoccupa la France et l'Europe entières.

Le type effrayant de *Rodille*, les personnages si attendrissants, si sympathiques de *Jean Vaubaron*, de *Blanche*, de *Paul Mercier*, compteront parmi les créations les plus heureuses du plus brillant romancier contemporain.

LES BUVEURS D'ABSINTHE

PAR
HENRY DE KOCK.

Voici un nouveau livre d'Henry de Kock, appelé, comme succès, à rivaliser avec les meilleurs ouvrages de nos meilleurs romanciers. L'auteur du *Médecin des Voleurs*, des *Démons de la Mer*, et de tant d'autres romans qui ont leur place dans toutes les bibliothèques, s'est surpassé dans ses *Buveurs d'absinthe*. Sous ce titre original, et tout d'actualité, Henry de Kock a fronde une passion qui, malheureusement, tend de plus en plus à se répandre en France, comme celle d'une autre infernale liqueur, — le gin, — chez nos voisins d'outre-Manche. Au milieu des évènements nombreux d'un drame des plus intéressants, Henry de Kock a montré ses *Buveurs d'absinthe* aux prises avec l'idiotisme, la folie, le crime, suites inévitables de leur manie dégénérée en vice, puis, à côté de ces types odieux il en a tracé d'autres, aimables ou amusants ceux-là, pour épanouir ou consoler l'âme du lecteur. C'est un livre qui restera que les *Buveurs d'absinthe*, non seulement comme un roman, mais aussi comme une étude utile à consulter, agréable à lire; comme une œuvre remarquable, tout à la fois comme philosophie et comme morale, comme style et comme portée.

Wassy. — Imprimerie de MOUGIN-DALLEMAGNE.

CHAPITRE QUATRIEME
(Suite.)

IV

« Un ! » murmura le chevalier de Rochemaure en détournant les yeux, tandis qu'on débouclait le corps pour le laisser tomber dans la manne d'osier remplie de sciure de bois.

« Numéro 2, » appela le greffier.

Cette fois, le chevalier frissonna.

C'était une femme, une pauvre sexagénaire, dont l'œil était sans rayons, dont la tête tremblait convulsivement, et qui avait déjà perdu la raison, comme elle allait perdre la tête.

En ce moment, et tandis qu'on hissait la malheureuse sur l'échafaud, les municipaux qui se trouvaient derrière le chevalier furent écartés brusquement, et Rochemaure entendit une voix chevrotante qui disait :

« Vous me connaissez bien... je suis Gothon... Gothon, l'ancienne portière du 184, rue Saint-Denis... la vieille à la chaufferette... laissez-moi donc passer. »

Et elle se glissa dans le cercle et vint se placer derrière le chevalier, disant :

« Tu vois, mon petit, que je suis de parole, moi... La vieille Gothon, vois-tu, quand ça promet, ça tient ! c'est sacré !... »

Le chevalier détourna les yeux de l'échafaud, car en ce moment la tête de la pauvre femme au tremblement convulsif tombait, et il les reporta sur la vieille à la chaufferette.

Elle s'était mise résolûment près de lui, et elle approchait son gueux, dans lequel flambaient quelques morceaux de charbon, des mains liées du chevalier.

« Chauffe-toi, mon petit, disait-elle, chauffe-toi... tu dois avoir froid aux mains. »

M. de Rochemaure regarda cette femme et éprouva une sensation étrange.

L'expression hideuse de son visage s'était adoucie, son regard était redevenu humain, et elle apparut en ce moment comme un dernier ami à cet homme qui allait mourir.

« Merci, ma bonne femme, dit-il. Vous êtes bien bonne... mais je n'ai pas froid...

— C'est égal, dit-elle, c'est égal... »

Elle approcha le gueux si près que la

corde qui serrait les poignets du chevalier exhala une légère odeur de roussi.

En même temps elle se hissa sur la pointe des pieds et ses lèvres atteignirent l'oreille du chevalier.

« Prends courage, mon petit, » lui souffla-t-elle.

Le chevalier eut un frémissement par tout le corps.

« Il est bien tard pour prendre courage, dit-il.

— Il n'est jamais tard pour les masques rouges, » dit-elle plus bas encore.

Le chevalier fit un brusque mouvement, et une fois encore il détourna la tête de l'échafaud pour ne pas voir tomber la troisième tête, qui était celle d'un vieillard ; de nouveau il rencontra le visage de la femme au *gueux*.

Cette fois, ce visage était souriant, malgré sa laideur, comme celui d'un ange.

« Il n'y en a plus que dix à passer avant toi, dit-elle, mais nous avons le temps... Chauffe-toi... chauffe-toi... et si tu te brûles, ne crie pas... ça fait encore moins mal que le tranchet de la *Veuve*. »

Le chevalier comprit qu'une chance de salut lui arrivait sous les traits de cette horrible vieille.

Il la laissa donc approcher son gueux de ses mains liées et tourna de nouveau la tête vers l'échafaud.

Un quatrième condamné venait d'être lié à la planche fatale.

La bascule tourna, la planche courut, et la lunette emboîta le cou du patient.

Cette fois, le chevalier voulut voir.

Le bourreau avança la main sur l'un des poteaux, saisit la ficelle et la dévida rapidement.

Le couteau se détacha, glissa, accomplit la moitié de sa course, et s'arrêta à un pied de la lunette.

Un murmure immense s'éleva du milieu de la foule. En même temps le patient, qui avait entendu le bruit, se mit à hurler, et ébranla par de brusques soubresauts la planche, la lunette et les poteaux.

Mais le couteau ne tomba pas.

Le murmure de la foule augmenta. Les exécuteurs se regardèrent déconcertés.

La machine venait de se détraquer, et, forcément, l'exécution était suspendue.

Alors, il y eut, succédant au murmure, un mouvement terrible parmi la foule, qui de tous côtés, se porta vers l'échafaud.

Les municipaux qui entouraient les condamnés furent refoulés au loin, et la foule envahit le cercle qu'ils formaient autour de la terrible machine.

Cela dura environ dix minutes, mais pendant ces dix minutes le gueux avait fait sa besogne.

Le chevalier avait héroïquement supporté de nombreuses brûlures, et la corde qui attachait ses mains était calcinée.

Il fit un violent effort, la corde se cassa.

Le mouvement envahisseur de la foule continuait, et tout à coup, au lieu de se trouver entouré de municipaux, le chevalier ne vit plus autour de lui que des spectateurs et des curieux.

Alors la vieille laissa tomber son gueux et poussa le chevalier.

« File! mon petit, dit-elle. Ça y est!... »

Le chevalier ne se le fit pas répéter ; il se faufila dans la cohue, hurla avec elle contre le bourreau qui ne graissait pas suffisamment son instrument, joua des coudes, et arriva en quelques minutes jusque sous les arcades de l'hôtel occupé par l'ambassadeur d'Espagne

Comme il passait devant la porte, elle s'entr'ouvrit ; un cri se fit entendre, deux bras enlacèrent le chevalier, l'attirant à l'intérieur, et la porte se referma.

Rochemaure était sauvé !

CHAPITRE CINQUIEME

V

Farandole.

Dix heures du soir venaient de sonner à l'ex-église de Saint-Germain l'Auxerrois. On avait réformé le curé et les sacristains, mais on n'avait pas mis en disponibilité l'horloge, que l'ancien régime avait chargée de la mission délicate et monotone de mesurer le temps.

Un homme enveloppé jusqu'aux oreilles dans un vaste carrick de couleur grise déboucha par la rue des Prêtres et descendit vers la rue Saint-Honoré.

Quand il fut là, il prit à gauche, arriva tout près du Palais-National et s'enfonça dans la rue des Bons-Enfants, pour ne s'arrêter que devant une maison assez singulière.

Une porte bâtarde lui servait d'entrée et donnait sur une allée étroite, un peu en pente et mal éclairée par une lanterne placée tout au bout, sur la première marche d'un escalier tortueux, auquel une corde grasse servait de rampe.

Cette maison avait trois étages.

Le second et le troisième, habités sans doute par des hôtes paisibles, ne laissaient plus filtrer, à travers leurs volets clos, le moindre filet de lumière. Le premier étage, au contraire, était assez brillamment éclairé, et il s'en échappait des rires bruyants et les notes douteuses d'un orchestre qui, sans doute, n'avait point la prétention de rivaliser avec celui de l'Opéra.

Le hautbois, le violon, la flûte, la clarinette et les tons plus larmoyants du clavecin arrivaient jusque dans la rue, faisaient tressaillir les passants perdus dans le brouillard et les contraignaient à lever les yeux. Quelquefois, l'orchestre se taisait un moment, et alors une voix fraîche et perlée, une voix de jeune fille s'élevait et chantait une chansonnette tantôt vive, pimpante, précipitée, comme un boléro espagnol, tantôt lente, harmonieuse, plaintive, comme une légende d'outre-Rhin.

Quelle était cette voix, accompagnée par un orchestre souvent discordant.

L'homme qui venait de la rue des Prêtres le savait sans doute, car il entra résolûment dans l'allée étroite, gagna l'escalier et monta d'un pas rapide.

Au premier repos, il se trouva en face d'une porte vitrée sur laquelle étaient écrits ces mots :

CAFE CONCERT.

Et au-dessous de cette annonce permanente tracée en lettres noires, on avait affiché une pancarte jaune, une manière de programme écrit à la main et ainsi conçu :

« Ce soir, 19 mars, an II de la Répu-
» blique,

» La citoyenne Farandole, ex-premier

» sujet du théâtre de Bayonne, dansera le
» fandango, en s'accompagnant de cas-
» tagnettes.

» Elle débutera par une chansonnette
» due à la muse poétique du citoyen Junius
» Lehêtre, poëte et prosateur, homme de
» lettres, collaborateur du *Journal des*
» *Savants* et ancien répétiteur de mathéma-
» tiques.

» Après le fandango, la citoyenne Faran-
» dole chantera la *Marseillaise*.

» Le prix des consommations ne sera

» pas augmenté, et les patriotes sont priés
» d'honorer cette fête terpsicho-lyrique de
» leur présence. »

L'homme au carrick grisâtre lut en souriant cette pompeuse annonce, mit la main sur le bouton de la porte, entra dans la salle du café-concert et alla s'asseoir dans un coin.

Un *officieux* s'approcha et lui dit :

« Citoyen, que dois-je te servir ?

— Un verre de vieille eau-de-vie, » répondit le nouveau venu.

Puis, il jeta un coup d'œil rapide autour de lui.

La salle était basse de plafond, enfumée et remplie d'un monde étrangement mêlé.

Il y avait là autour d'une vingtaine de tables de bois ou d'ardoise chargées de verres et de bouteilles, des hommes en blouse, d'autres en carmagnole, un plus petit nombre en habits de couleurs diverses.

Trois ou quatre portaient de la poudre et semblaient appartenir, par leur mise, à la classe des gens de loi, tels que des huissiers, des juges ou des procureurs. Au fond de la salle était une sorte de gradin sur lequel une demi-douzaine de musiciens étaient groupés, qui tenant un violon, qui une flûte, qui ce grave instrument qu'on appelle un violoncelle.

C'était l'orchestre ordinaire et extraordinaire du lieu.

Au milieu de la salle, entre les tables des consommateurs et le gradin destiné aux musiciens, se trouvait un grand espace vide.

Lorsque l'homme qui venait de la rue des Prêtres entra, un certain tumulte régnait dans la salle.

On buvait, on riait, on hurlait même, mais l'orchestre faisait silence.

Les conversations particulières allaient leur train.

Un petit vieillard à tête poudrée, vêtu d'un habit marron et d'une culotte de casimir noir, caressait son menton ridé et demandait à son vis-à-vis les nouvelles du jour.

Le vis-à-vis était un homme d'âge mûr, chauve et gras, à l'air majestueux et calme.

« Citoyen, disait le petit vieillard, j'ai septante années tout à l'heure ; mais, aussi vrai que je suis le procureur le plus occupé de mon quartier, je te jure que je n'ai jamais vu un hiver aussi rigoureux. Il gèle à pierre fendre.

— Voici trente années que je suis droguiste à l'enseigne du Pilon d'Or, répondit l'homme majestueux et chauve, et jamais je n'ai vu un froid pareil.

— On parlera de l'année 93 longtemps à cause du froid, répondit le petit vieillard qui exerçait les fonctions de procureur.

— Dis donc, citoyen, dit encore l'homme gras, as-tu lu les papiers publics?

— Certainement.

— Que dit le journal de Prud'homme?

— Il est terne; rien d'important. La condamnation d'une vingtaine d'aristocrates, deux lois nouvelles votées par la Convention, et un discours du citoyen Danton, qui est resté, avant-hier, trois heures à la tribune. »

Ces derniers mots parurent éveiller l'attention de l'homme au carrick gris.

« A-t-on beaucoup exécuté aujourd'hui, continua le droguiste.

— Non, c'est insignifiant. Cinq ou six aristocrates et deux ci-devant marquises. »

Le petit homme poudré haussa les épaules d'un air qui voulait dire :

« Ce n'est vraiment pas la peine d'en parler. »

A la table voisine un grand jeune homme aux yeux caves, aux joues rentrées, aux pommettes saillantes, passait une main amaigrie dans ses longs cheveux mal peignés, et disait :

« Oui, mon cher, je soutiens, moi, que les vers de Racine ne vaudront jamais ceux de Corneille. Je suis poëte, moi aussi, je fais de l'art pour l'art, et je ne m'abaisserais point à tirer le plus petit lucre de ma plume.

— Il faut vivre, pourtant. »

Celui qui faisait cette réflexion sensée était un homme déjà vieux, plus maigre, plus diaphane encore que son interlocuteur, et dont les doigts crochus jouaient avec une tabatière d'étain poli.

On eût dit le père du premier, tant il lui ressemblait.

« Oh! vous, Polydore, dit le jeune

homme, vous êtes musicien, ce n'est pas la même chose. La musique se paie.

— J'ai un opéra reçu, soupira le maëstro Polydore, mais je crains bien qu'on ne me joue en été. Ce serait une ruine.

— Moi, reprit le plus jeune, j'ai lu hier aux comédiens du théâtre de la République une comédie en un acte.

— Quel titre?

— *Les folies de Cupidon*. Oh! le sujet est très-joli... je vais vous le raconter. »

Mais au moment où le jeune poëte dramatique allait infliger à son auditeur ce léger supplice, le chef d'orchestre frappa trois coups, éleva son archet et donna le signal. Aussitôt les notes graves d'abord, puis plus vives de la musique espagnole se firent entendre, et les conversations particulières cessèrent.

En même temps, une portière de damas rouge, qui se trouvait au fond de la salle, glissa sur sa tringle, et tout aussitôt un tonnerre de bravos et de vivats se fit entendre et couvrit un moment le bruit de l'orchestre.

Une jeune fille venait de s'élancer en pirouettant, des castagnettes à la main, dans l'espace demeuré vide.

C'était Farandole.

Mademoiselle Farandole était vêtue d'une jupe rouge et d'un maillot blanc. Ses épaules demi-nues étaient inondées des boucles épaisses d'une chevelure noire, garnie de paillettes et de clinquant.

C'était une admirable créature, blanche et

brune, au regard ardent et lascif, aux lèvres rouges comme du corail, à la taille svelte et souple qui accusait cette ondulation espagnole appelé le *mencho*, au pied mignon et cambré; mademoiselle Farandole se mit à danser le fandango, la danse la plus entraînante, la plus étrangement lascive des danses de l'Andalousie.

Puis, l'orchestre l'accompagnant en sourdine, elle chanta.

Sa voix était sonore, timbrée de tons graves, et s'accordait avec cette danse qui passe de la vivacité à la nonchalance, de la gaieté à la tristesse, tantôt leste et pimpante, tantôt dramatique et sombre.

Et la salle faisait silence.

L'homme au carrick gris attachait sur Farandole, tandis qu'elle dansait, un œil ardent, un de ces regards qui trahissent l'admiration ou l'amour.

Tant qu'elle chanta et dansa, cet homme ne la quitta point des yeux; mais lorsqu'elle se fut laissée tomber épuisée sur le tapis que ses pieds avaient foulé, alors cet homme se leva et se dirigea vers la porte, après avoir donné une livre à l'officieux. Nul ne fit attention à lui.

La belle Farandole absorbait l'attention générale.

Cependant, comme il allait franchir le seuil de la porte vitrée, l'homme au carrick se retourna et regarda une dernière fois la ballerine, en poussant un profond soupir.

Puis il sortit en murmurant :

« Oh! cette ressemblance est étrange! »

Le brouillard ne s'était point dissipé, et

la rue des Bons-Enfants était fort mal éclairée.

En arrivant au bout de l'allée noire par laquelle il était entré, notre inconnu se heurta à un passant qui marchait d'un pas rapide.

« Maladroit ! dit le passant.

— Pardon, citoyen, » dit l'homme au carrick.

Le passant jeta un cri d'étonnement.

« Comment ! dit-il, c'est vous ?

— C'est moi... Chut ! »

Le passant regarda la maison, entendit les bruits de l'orchestre et aperçut un transparent huilé sur lequel, grâce à une lampe placée à l'intérieur, on lisait : *Café-concert*.

« Comment! citoyen, reprit le passant, vous sortez de là?

— Oui.

— Vous, un homme d'Etat, un orateur, un grand homme!

— Moi, dit l'homme au carrick en souriant.

— Vous, qui malgré votre civisme êtes demeuré aristocrate de goûts et de manières !

— Bah ! je ne suis pas le seul, mon cher. Robespierre, votre patron, n'est-il pas poudré, musqué et tiré à quatre épingles.

— C'est juste. Mais enfin, m'expliquerez-vous ce que vous êtes allé faire dans ce bouge ?

— Voir une femme admirablement belle.

— Ah!

— Et qui ressemble si merveilleusement, d'une façon si frappante à une autre femme que j'ai beaucoup aimée, que je me suis laissé aller à l'illusion de croire que c'est elle.

— Vous êtes romanesque, mon cher Dan...

— Chut! pas de noms propres; mais vous-même, ô le jeune secrétaire du plus austère et du plus grincheux des hommes d'Etat, d'où venez-vous?

— De chez Robespierre, avec qui j'ai travaillé jusqu'à dix heures et demie.

— Et où allez-vous ?

— Rue Vivienne, où je demeure.

— Vous allez vous coucher ?

— Tout simplement. »

L'homme au carrick se mit à rire :

« On ne se couche pas à onze heures quand on a vingt-cinq ans comme vous, qu'on est beau garçon, spirituel, aimé des femmes...

— Vous vous trompez, cher ami, je

n'aime personne, et personne ne m'aime.

— Alors vous êtes bien heureux. »

Un soupir souleva la large poitrine de l'homme au carrick.

« Dites donc, reprit-il, voulez-vous venir souper ? je crois que j'ai faim...

— Pour un républicain austère, la proposition est grave...

— Bah ! quand on est du matin au soir au service de la République, la République peut bien vous permettre une petite débauche. Vous savez, du reste, que j'ai toujours été viveur.

— Je le sais. »

L'homme au carrick glissa son bras sous celui du passant et l'entraîna vers le jardin du Palais-National.

Là, ils entrèrent au café Foy, qui demeurait ouvert toute la nuit, et dont les garçons, faute de pratiques, sommeillaient sur les banquettes.

L'un d'eux s'éveilla au bruit de la porte qui s'ouvrait.

Il bondit sur ses pieds, reconnut sans doute l'homme au carrick, et salua avec un respect mêlé de crainte.

Celui-ci se débarrassa de son manteau et alla s'asseoir à une table auprès de la porte.

Le café Foy était mieux éclairé que l'établissement chorégraphique et chantant de la rue des Bons-Enfants.

Les flots de lumière versés par des girandoles fixées aux murs tombaient d'aplomb sur cet homme qui venait de voir danser la Farandole.

— Il était de haute taille, avait de larges épaules et un cou de taureau, qui supportait une tête au vaste front, à l'œil d'aigle, aux lèvres charnues, que parfois plissait un sourire mélancolique. Cet homme devait avoir des passions fougueuses, des colères terribles : sa voix, à de certaines heures, devait éclater comme le tonnerre et dominer les murmures et les rumeurs tumultueuses d'une assemblée parlementaire.

Parfois aussi cet homme devait avoir des heures de calme et de rêverie, de mélancolie profonde et d'ardent amour, si on en croyait certaines rides précoces que d'autres douleurs ou d'autres soucis que les passions politiques avaient creusées çà et là sur son visage. Cet homme devait être né pour aimer et haïr tout à la fois.

C'était, au premier coup d'œil, une de

ces natures richement complètes dont les siècles sont avares.

— Donne-nous des huîtres et du vin blanc, du grave ou du sauterne, dit-il au garçon.

— Oui, citoyen, » répondit le garçon qui venait de développer une nappe devant les deux convives, et d'y placer deux couverts.

Le jeune homme invité à souper était un joli garçon, dans l'acception pure et simple du mot.

Il avait de beaux cheveux noirs, qu'il portait sans poudre, d'admirables mains aux ongles durs et polis comme de la corne.

Il était vêtu avec une élégante simplicité, et son geste et sa tournure étaient empreints d'une exquise distinction.

« Mon ami, lui dit l'homme au carrick, vous êtes trop jeune pour avoir des passions. »

Le jeune homme sourit.

Son hôte continua :

« Cette fille des rues que je viens de voir, cette ballerine en jupe rouge qui danse avec du clinquant dans les cheveux et un collier de fausses perles, me repose les yeux depuis un mois... les yeux et le cœur.

» Quand j'ai fait mon dur métier d'homme politique, lorsque je descends, brisé de fatigue, de cette tribune qui est un champ de bataille où nous tomberons tous un à un, — car Vergniaud a eu raison, — j'aime à vivre dans le passé ; je m'abandonne aux souvenirs de ma jeunesse, et mon cœur bat comme s'il avait vingt ans encore.

» Il y a de cela cinq années ; c'était aux premiers jours de 1788. L'orage menaçait, mais ne grondait point encore. La politique ne m'avait pas encore attiré à elle.

» J'étais jeune, j'étais ardent, j'avais soif de vie et de bonheur.

» Une vieille tante, retirée du commerce et fixée en province, m'invita à l'aller voir.

» Je quittai Paris un soir d'avril ; j'arrivai le premier matin de mai dans une jolie vallée enserrée par de vertes collines et traversée par un filet d'eau limpide qui prenait le titre ambitieux de rivière. La maison de ma tante était à mi-côte, entourée d'un vignoble, et dominait une demi-lieue de prairies bordées par une ceinture de peupliers.

« A une lieue plus loin, sous l'ombre de grands châtaigniers, se dressaient les tourelles en poivrières et les clochetons couverts d'ardoise d'un petit castel bâti au temps de Louis XIII.

» Cela vous étonne, n'est-ce pas, de m'entendre évoquer de semblables souvenirs ? »

Un sourire vint aux lèvres du jeune homme, mais il ne répondit pas.

Son hôte poursuivit :

« Ma tante était assez riche pour avoir une écurie et deux chevaux.

» Je passai un mois chez elle. Chaque matin j'enfourchais un des deux bidets et j'allais me promener au loin, suivant de jolis sentiers perdus dans les vignes, ou courant dans les taillis. Ce pays-là est très-boisé.

» Un matin, au détour d'une allée de forêt, je me trouvai face à face avec une amazone que suivaient deux grands lévriers au poil fauve.

» C'était une belle jeune fille qui pouvait avoir environ quinze ans et en paraissait dix-huit, tant elle était femme déjà... »

L'officieux du café vint interrompre

assez maladroitement le récit de l'homme au carrick.

« Citoyen, dit-il, que dois-je vous servir après les huîtres et le sauterne?

— Un perdreau truffé et du vieux médoc. »

Comme il prononçait ces mots de sa voix forte et sonore, un patriote, coiffé sur l'oreille et la pipe à la bouche, entra et demanda un verre d'eau-de-vie.

— Comment! dit-il, citoyen, toi qui es un de ceux à qui la République accorde sa confiance, toi l'ami et le défenseur du peuple, tu donnes le mauvais exemple et tu manges des perdreaux truffés ?

— Imbécile ! répondit l'homme au carrick, si je ne mange pas ce perdreau, un aristocrate le mangera !... »

Le patriote, étourdi de cette réponse, tira son bonnet et salua.

Le jeune homme et son amphitryon échangèrent un regard et un sourire, et le patriote vida son verre d'eau-de-vie.

Puis les deux soupeurs continuèrent leur conversation à voix basse.

L'homme au carrick reprit, revenant à son récit.

« Cette jeune fille était belle ; elle avait dans le regard, dans le geste, dans la pose de la tête, quelque chose de fier et de hardi qui séduisait.

» Elle maniait son cheval, — un joli cheval limousin, — avec une grâce parfaite, une habileté consommée.

» Elle passa auprès de moi, courbée sur la noire encolure de sa monture, au galop.

» Elle eut le temps de m'examiner des pieds à la tête et de répondre par un sourire à mon salut. Je l'avais vue l'espace de quelques secondes à peine, mais nos regards s'étaient rencontrés, et il me resta dans l'âme comme un éblouissement.

» Je revins tout rêveur chez ma tante.

» Le lendemain, je dirigeai ma promenade vers l'endroit où je l'avais rencontrée, obéissant à un entraînement que je ne pouvais maîtriser.

» Mais, ce jour-là, j'errai vainement une partie du jour à travers les taillis et les clairières et sous les grandes futaies.

» Je ne rencontrai point la belle amazone.

» Je revins triste, maussade, en proie à une rêverie vague.

» Le lendemain je recommençai la même course, et ne fut pas plus heureux.

» Trois jours de suite j'errai à cheval dans tous les environs et surtout aux alentours de ce petit château aux tourelles rouges qui s'abritait sous un dôme de verdure.

» Je n'avais questionné personne, mais quelque chose me disait que c'était là que demeurait la belle inconnue.

» Enfin, un jour, j'entendis le galop précipité d'un cheval.

» Je me trouvais alors dans un chemin creux, sur une pente rapide qui descendait vers la rivière.

» L'amazone m'apparut en haut de cette pente.

» Mon premier mouvement, mon premier cri furent tout à la joie; mais presque aussitôt la terreur s'empara de moi.

» A la course furieuse du cheval, je compris qu'il était emporté, et je calculai que si son écuyère ne parvenait à l'arrêter avant dix minutes, il se précipiterait avec elle dans la rivière.

» Me mettre en travers du chemin, attendre le cheval au passage, jeter les bras en avant, enlacer la jeune fille et l'enlever de sa selle, tandis que le cheval, allégé, redoublait de vitesse et courait au gouffre tête baissée, ce fut pour moi l'histoire de trois minutes qui eurent la durée d'un siècle d'angoisses.

» La jeune fille jeta un cri et ferma les yeux. Je crus qu'elle allait s'évanouir ; mais lorsque je l'eus déposée doucement sur le sol, elle retrouva toute sa présence d'esprit, me reconnut, rougit légèrement et me dit :

» — Ah ! monsieur... vous m'avez sauvée !..

» — Je le crois, mademoiselle, répondis-je, et je bénis le ciel de m'avoir ainsi placé sur votre route.

» — Vulcain s'est emporté, me dit-elle. Pauvre Vulcain ! c'est la première fois que cela lui arrive.

» J'avais mis pied à terre moi-même, et je contemplais cette éblouissante créature à qui je venais de sauver la vie.

» Elle s'aperçut de mon admiration et en parut touchée, bien qu'à la pâleur de ses traits eût succédé un vif incarnat.

» Je craignais qu'elle ne me quittât, comme nous quittent les visions; aussi m'empressai-je de lui dire :

» — Veuillez prendre mon cheval, mademoiselle, c'est un modeste bidet qui ne s'emportera pas, lui, mais qui vous conduira assez lestement chez vous.

» — Mais, monsieur, me dit-elle, rougissant toujours, vous ne pouvez pas retourner à pied, car il y a loin d'ici à la Valette.

» C'était le nom de la maison habitée par ma tante.

» Je vis qu'elle savait qui j'étais...

» — Non, mademoiselle, répondis-je, il n'y a pas très-loin. Je suis d'ailleurs excellent marcheur.

» Elle secoua la tête d'un air mutin :

» — Mais, me dit-elle, je ne veux pas de cela, monsieur. Il y a une chose beaucoup plus simple. Nous sommes à un quart de lieue du château de mon père. Soyez assez bon pour m'y accompagner.

» Vous pensez, continua le narrateur, si j'acceptai avec empressement.

» Elle consentit à monter mon cheval et à me laisser cheminer à côté d'elle.

» Durant le trajet, elle eut un babil charmant. Elle me raconta d'abord comment Vulcain s'était emporté, en entendant retentir, dans un fourré voisin, le coup de feu d'un braconnier. Puis elle me parla de son père et de ses frères, tous trois gardes du corps, de sa grande sœur, mariée à un gentillâtre des environs. Que sais-je ?

» Après une demi-heure de marche, nous arrivâmes au château.

» Un homme d'environ soixante ans était assis sur un banc à la porte.

» — C'est mon père, dit-elle.

» Le vieux gentilhomme se leva, un peu étonné de voir sa fille montée sur mon bidet et en ma compagnie, et il vint à notre rencontre.

» La jeune fille lui raconta simplement ce qui était arrivé, et le vieillard me prit les deux mains et me remercia avec la même simplicité, ajoutant :

» — Je connais madame votre tante, monsieur ; c'est ma voisine ; elle ne m'en voudra pas de vous garder à déjeuner.

» Les deux frères de ma belle amazone revenaient de la chasse, un fusil sur l'épaule, une carnassière au dos ; ils se joignirent à leur père pour m'engager à rester. »

L'homme au manteau gris poussa un soupir, et continua après avoir fait une pause :

» J'ai été reçu pendant deux mois dans cette famille, cordialement, sans emphase, sans morgue, malgré la distance que les préjugés d'alors mettaient entre la noblesse et les hommes du tiers.

» Souvent, depuis, quand j'ai vu tomber les têtes de ces grands seigneurs corrompus, usés par toutes les débauches, familiers avec toutes les intrigues de cour, j'ai songé à cette noblesse de province, pauvre généralement, profondément honnête, bonne pour ses vassaux, hospitalière au voyageur, race forte et simple, qui n'était fière qu'aux jours de péril, et qui allait payer de son sang les crimes de cette autre noblesse si profondément gangrenée qui se groupait auprès du trône et a fini par le renverser. »

Le jeune homme aux cheveux noirs, auditeur attentif jusque-là, surprit une larme dans l'œil du narrateur.

Cette large poitrine se soulevait, ce vaste front s'était assombri ; une mélancolie profonde s'était répandue sur tout son visage.

Aussi l'interrompit-il par ces mots :

« Est-ce que le père et les frères de cette jeune fille auraient péri ?

— Tous les trois.

— Sur l'échafaud ?

— Non, le père a été tué à Versailles avec son fils aîné. Le cadet est tombé dans les rangs de l'armée de Condé. La première balle républicaine a été pour lui.

— Et la jeune fille ?

— Après le 10 août, j'ai pu lui procurer un passe-port pour elle et pour son frère, et ils ont gagné l'Allemagne.

» Depuis lors j'ai appris que Gaston de Vérinières avait été tué; mais, bien certainement, Armande est demeurée auprès d'une parente de sa mère qui était Allemande. »

Le jeune homme aux cheveux noirs jeta un cri, en entendant prononcer les noms d'Armande et de Gaston de Vérinières.

« Qu'avez-vous ? » fit le narrateur.

Il était devenu pâle comme un spectre et regardait son convive avec effroi.

« Elle se nomme Armande ?

— Oui.

— Armande de Vérinières ?

— Mais sans doute.

— Ah ! mon Dieu ! dit le jeune homme en portant la main à son front, mais vous n'avez donc pas lu le *Moniteur ?*

— Que voulez-vous dire ? Expliquez-vous, mon ami, » dit l'homme au carrick avec angoisse.

Ce jeune homme se leva, alla prendre le *Moniteur* qui se trouvait sur une table voisine, et le mit sous les yeux de son hôte en posant le doigt sur un nom.

Le nom était celui de mademoiselle de Vérinières. Ce nom était le troisième sur la liste de ceux qui avaient été condamnés la veille à la peine de mort.

« Morte ! s'écria l'homme au carrick

avec une expression de douleur sauvage.

— Non, dit le jeune homme, lisez... »

Au-dessous de la liste se trouvait le récit de l'exécution des condamnés, avec cette addition :

« Une des condamnées, la citoyenne » Armande Vérinières, n'a point été exé» cutée. On a sursis à son exécution, le » geôlier de la Conciergerie ayant déclaré

» que la dite condamnéé lui avait fait l'a-
» veu qu'elle était enceinte.

» La citoyenne Armande Vérinières a
» nié énergiquement et demandé à grands
» cris qu'on la conduisît à l'échafaud.

» Néanmoins, on a cru devoir surseoir
» provisoirement. »

Tandis qu'il lisait ces lignes, l'homme au carrick devenait cramoisi, son cou se gonflait et les plis de son front s'effaçaient.

« Non, dit-il, cela n'est pas possible ! le geôlier est un misérable !

— Soit, mais il l'a sauvée, pour quelques jours du mois. »

L'homme au carrick ne répondit pas ; il se leva, jeta une pièce d'or sur la table, et tendit la main à son convive :

« Adieu, dit-il.

— Où allez-vous ? demanda le jeune homme.

— Me coucher, » dit-il froidement.

Et il sortit du café Foy.

« Il la sauvera ! » pensa le jeune homme qui s'en alla tout pensif.

. . . .

Farandole dansait toujours.

Elle s'était reposée, puis elle avait chanté puis elle dansait encore.

Cependant les habitués du café-concert partaient un à un ; les uns allumaient leur lanterne, les autres se confiaient à la douteuse lueur des réverbères du Paris d'alors.

Quand minuit sonna, le maître de l'établissement frappa trois coups sur le comptoir et dit :

« Citoyens, on va fermer. »

Tout le monde s'en alla.

Alors une vieille femme drapée dans un vieux tartan, portant une chaufferette à son bras, entra dans la salle et dit à Farandole.

« Eh bien ! viens-tu, petite ? »

La danseuse buvait en ce moment un verre de punch.

La vieille lui jeta un manteau sur les épaules, en lui disant :

« Il fait un froid de chien, ce soir.

— Ah ! » fit la ballerine avec indifférence.

Elle reposa le verre sur le comptoir et ajouta :

« Quel métier ! danser tous les soirs, chanter tout le jour, et avoir, avec ça, envie de pleurer du soir au matin et du matin au soir ! »

La vieille, — une vieille hideuse, — haussa les épaules et regarda le maître du café-concert.

C'était un gros homme au nez bourgeonné, à la mine trognonante et rubiconde, à l'abdomen pansu et au rire bête.

Servir la pratique, gagner de l'argent, c'était tout ce qu'il savait faire.

Il aimait bien le roi quand le roi régnait, — il aimait bien la république depuis que la république gouvernait, — pourvu que les affaires allassent bien...

Il aurait aimé le roi de Prusse ou les nègres de Saint-Domingue s'il avait dû vendre quinze litres d'eau-de-vie de plus.

C'était un joli type de boutiquier, un type comme on n'en voit qu'à Paris.

« Cette petite, lui dit la vieille, ne connaît pas son bonheur. Elle gagne de l'argent gros comme elle.

— Oui, mais tu le manges, maman.

— C'est-à-dire que je le mets de côté, riposta la vieille.

— Chez le liquoriste et le marchand de vins, n'est-ce pas ? »

La vieille se mit à grogner, car l'observation portait juste. Mais elle continua bientôt après :

« Tu ne sais donc pas qu'il y a un homme qui est un grand personnage, un haut bonnet du gouvernement, qui vient ici tous les soirs, rien que pour te voir danser ?

— Qu'est-ce que ça me fait ? » dit Farandole avec mélancolie.

Elle se drapa dans son châle, la vieille mit la main sur l'écu de six livres que le maître du café-concert posa sur le comptoir, et toutes deux quittèrent la salle.

Quand elles furent dans la rue, la vieille continua :

« Cet homme, pour sûr, est amoureux de toi.

— Tais-toi, mère...

— Il te fera un sort, c'est certain, et j'aurai des rentes pour mes vieux jours. »

La ballerine eut un geste de dédain.

« On m'a toujours dit que vous étiez ma mère, fit-elle, mais je commence à ne pas le croire. »

La vieille se reprit à grogner.

« Eh ! dit Farandole, qu'est-ce que cela me fait, qu'on m'aime ? Est-ce que je puis aimer, moi ?

— Bon ! voilà que tu penses encore à ce petit brun ?

— Oui, je pense à lui ce soir, comme ce matin, comme la nuit dernière, comme toujours... à lui qu'ils ont guillotiné !.. » murmura Farandole d'un air sombre.

Et elle marchait d'un pas rapide, et ni la vieille ni elle ne s'apercevaient qu'un homme les suivait à distance.

Elles descendirent ainsi la rue des Bons-

Enfants, prirent la rue Saint-Honoré, et ne s'arrêtèrent qu à la rue Villedo.

L'homme suivait toujours.

Arrivée rue Villedo, la vieille mit un loquet dans la serrure d'une porte basse, ouvrit et entra la première.

Mais au moment où Farandole s'apprêtait à la suivre, une main se posa sur son épaule.

Elle se retourna.

Un homme dont le visage était à moitié dissimulé par l'ample collet d'un manteau et les bords d'un chapeau enfoncé sur ses yeux lui dit :

« Un mot, citoyenne ?

— Que voulez-vous ?

— Vous avez aimé...

— Oh ! oui, dit-elle d'un air sombre.

— Vous avez aimé un homme qui a été guillotiné ?

— Oui, et chaque nuit je le revois en songe...

— Alors, ceux qui souffrent sont vos frères ?

— Oui.

— Et s'il était en votre pouvoir, à vous, pauvre âme veuve et désolée, de sauver quelqu'un ardemment aimé de cette mort épouvantable que donne la guillotine, le feriez-vous ? »

Un cri s'échappa de la poitrine de Farandole.

« Oh! oui, dit-elle.

— Même si vous couriez un danger?

— Que me fait la vie? dit-elle. Ceux qui ont peur de mourir sont ceux-là qui laissent quelqu'un en arrière. Moi, je n'ai personne en ce monde... celui que j'aime est là-haut... »

Et elle montra le ciel.

« Pauvre fille! » murmura l'inconnu.

Puis il lui dit brusquement :

« Laissez cette horrible vieille qui n'est votre mère que de nom, et venez avec moi.

— Soit, » dit Farandole, obéissant à un ascendant mystérieux.

La voix émue et grave de cet inconnu avait pénétré jusqu'à son cœur.

CHAPITRE SIXIEME

VI

Dona Carmen.

Dona Carmen était une brune fille d'Andalousie.

Elle avait deux grands yeux noirs, de

longs cheveux châtain-clair, la peau blanche comme un lis, la main mignonne et le pied cambré.

Elle avait quatorze ans lorsque son père, vieil hidalgo pauvre comme Job et noble comme le Cid, ferma les yeux à la lumière.

Dona Carmen et son frère don Manoël da Silva se trouvèrent orphelins, un soir d'hiver, dans un vieux manoir délabré, au versant d'une chaîne de montagnes que Séville voit borner l'horizon, enveloppée d'une gaze bleue.

Don Manoël avait dix-neuf ans.

Il était beau, hardi et fier. Il savait, comme personne, poser la main sur la garde de son épée ; mieux que personne il rejetait la tête en arrière avec toute la fierté castillane.

Mais vieille noblesse et vaillante épée ne

suffisent pas en ce monde, et don Manoël dit à sa sœur :

« Il nous faut aller à Madrid chercher fortune. Nous y avons des parents haut placés ; ils nous aideront à faire notre chemin dans la vie. »

Don Manoël et dona Carmen partirent donc un matin, vêtus d'habits de deuil.

Ils arrivèrent à Madrid, qu'ils n'avaient jamais vu, un soir, comme le soleil se couchait dans les flots du Mançanarès.

Une grande dame était à son balcon, jouant de l'éventail et respirant l'air du soir.

Don Manoël leva les yeux.

La dame était belle, — son cœur d'adolescent se prit à battre.

Or la dame était justement cette parente inconnue vers laquelle les deux orphelins avaient tourné les yeux.

Elle les accueillit dans sa maison et les

présenta à son mari, lequel était un grand seigneur.

Trois mois après, don Manoël était garde du roi, — dona Carmen, demoiselle d'honneur de la duchesse,

Trois ans après, — dona Carmen avait alors dix-sept ans, — le mari de la duchesse, le grand d'Espagne, était nommé ambassadeur près la cour de France.

Or, tandis que don Manoël devenait officier du roi d'Espagne, doña Carmen suivait à Paris sa cousine l'ambassadrice.

Ceci se passait en 1791, quelques mois avant la chute de la monarchie.

L'ambassadeur du roi, petit-fils de Philippe V, était demeuré bravement à son poste.

Il n'avait point quitté Paris tant que Louis XVI avait vécu.

Le jour où la Convention nationale condamna Louis Capet à mort, l'ambassadeur protesta, au nom du roi son maître.

La Convention n'ouvrit pas sa lettre et passa à l'ordre du jour.

Or dona Carmen était dans l'hôtel de l'ambassade, dont les fenêtres, on le sait, donnaient sur la place de la Révolution, le jour où le dernier roi de France, — comme disent les journaux de ce temps, — monta sur l'échafaud.

L'ambassadeur et l'ambassadrice s'étaient retirés, consternés, au fond de l'hôtel, défendant à leurs gens de se montrer et de sortir.

Mais dona Carmen était jeune, elle était curieuse; elle ne savait pas ce qui allait se passer, — car on lui avait célé la sinistre vérité, et elle se cacha derrière une persienne, à l'entre-sol, juste au-dessus de la grande porte.

Ces flots immenses de peuple, ces cris, ces vociférations étonnèrent d'abord la jeune Espagnole ; puis l'épouvante la prit quand elle aperçut l'échafaud.

Mais cette terreur fut moins violente que sa curiosité.

Elle voulut voir l'homme qui allait mourir.

Le carrosse, — nous l'avons dit déjà, — ce carrosse qui cheminait lentement, eut toutes les peines du monde, malgré son escorte imposante, à faire une trouée dans la foule et à s'approcher de l'échafaud.

Derrière le carrosse, l'œil perçant de dona Carmen remarqua l'Allemand Fritz Müller, le bon étudiant de Heidelberg, portant dans ses bras, plutôt qu'il ne la soutenait, la jeune fille qu'il avait sauvée pendant la nuit dans l'auberge du *Corbeau vivant*. Un mouvement de la foule rejeta les deux étrangers sous les arcades de l'ambassade, juste au-dessous de la fenêtre derrière les volets de laquelle dona Carmen s'était blottie.

A partir de ce moment-là, obéissant à une attraction, à une sympathie non moins soudaines que mystérieuses, l'Espagnole ne vit plus, n'entendit plus rien.

Elle ne vit que la pauvre jeune fille haletante et pâle, — elle n'entendit que les paroles étouffées qu'elle échangeait avec son protecteur de hasard.

Tout à coup elle sentit un souffle sur son épaule.

Elle se retourna et vit don José.

Don José était un jeune secrétaire d'ambassade qui aimait passionnément dona Carmen, espérait l'épouser, et la suivait.

« Ah! c'est vous? lui dit-elle.

— Oui, je viens vous arracher à cet affreux spectacle.

— Mais que va-t-il arriver? que veut tout ce peuple? pour qui cette machine? demanda dona Carmen.

— C'est la guillotine, et l'homme qui va mourir est le roi de France! murmura tristement don José.

— Ciel! » s'écria l'Espagnole.

Et elle se rejeta vivement en arrière et voulut fuir.

Mais ce fut l'histoire d'un éclair; elle prit

la main de don José, le ramena vers la croisée et lui montra la jeune fille pâle.

« C'est une paysanne, dit le secrétaire d'ambassade.

— Non, c'est impossible.

— Pourquoi ?

— Voyez son visage... voyez ses mains.

— Eh bien ?

— C'est quelque femme de qualité déguisée. Ah ! si on la reconnaît, mon Dieu ! on lui fera un mauvais parti.

— Je le crains, dit don José.

— Il faut la sauver.

— La sauver ! et comment ?

— Je ne sais pas, mais il le faut !.. »

Les désirs de dona Carmen n'étaient-ils pas des ordres pour don José ?

Le jeune homme s'élança hors de la chambre, descendit, fit ouvrir les portes et voulut s'élancer dans la foule.

Ce fut en ce moment que la tête du roi

tombait, que le bourreau la montrait à la foule, et que mademoiselle Claire jeta un cri qui équivalait pour elle à un arrêt de mort.

Mais avant que don José fût sorti, l'étudiant avait pris mademoiselle Claire dans ses bras et s'était élancé dans l'intérieur de l'hôtel.

Don José en fit aussitôt refermer les portes, et tout fut dit.

. . . .

Or, il y avait plus de cinq semaines que le roi Louis XVI était monté sur l'échafaud et que mademoiselle Claire avait trouvé un refuge à l'hôtel de l'ambassade d'Espagne.

Les deux jeunes filles s'étaient liées et s'aimaient comme deux sœurs.

Quant à Fritz Müller, dès le lendemain il avait demandé la permission de prendre congé et d'aller loger en ville.

Le studieux Allemand avait dit vrai dans l'auberge du *Corbeau vivant*.

Elève distingué de l'école de médecine de Heidelberg, il était venu à Paris à la seule fin de fixer un point sur lequel les deux écoles, — l'école allemande et l'école française — ont été, sont et seront toujours peut-être en désaccord.

Les Allemands ont prétendu et prétendent que la mort occasionée par la décollation n'est point instantanée ; que le supplicié souffre environ vingt minutes, et que cette tête détachée du tronc tourne les yeux quand on l'appelle.

Les médecins français, au contraire, affirment que la mort est instantanée, par la raison toute simple que la moelle allongée se trouve tranchée, et que si le corps et la tête ont encore des mouvements, des soubresauts et des grimaces, les nerfs seuls en sont la cause.

Or, Fritz Müller était allé se loger rue Saint-Honoré, dans un hôtel garni habité par le citoyen Barbaroux, député des Bouches-du-Rhône à la Convention nationale.

L'Allemand avait trouvé un soir le représentant du peuple qui soupait avec du jambon, des œufs et une échalote.

L'Allemand avait faim, il s'était mis à table, — et l'homme politique et l'homme de science avaient fait connaissance.

Le citoyen Barbaroux était serviable ; il s'intéressait aux savants ; il prit sur le champ en amitié le jeune docteur en médecine, lui donna une lettre de recommandation pour le capitaine de municipaux qui assistait aux exécutions, et une autre pour le citoyen Sanson, ce haut et redouté fonctionnaire de la République une et indivisible.

Pendant un mois, il fut loisible au docteur allemand d'assister aux sinistres évolutions de la machine de son confrère Guillotin, de toucher les têtes des condamnés, d'en placer parfois une sur une éponge et de lui faire tourner les yeux en l'appelant par son nom, et il eut ses grandes entrées à l'amphithéâtre de Clamart, où l'on portait les corps des guillotinés.

Ce qui ne l'empêchait point chaque soir, quand la nuit était venue, de se glisser de nouveau sur la place de la Révolution, enveloppé dans son manteau, rasant les murs, et de frapper discrètement à la porte de l'ambassade d'Espagne.

Or donc, ce soir-là, en attendant la visite accoutumée de Fritz Müller, les deux jeunes filles causaient.

« Ma bonne Claire, disait dona Carmen, êtes-vous bien sûre que votre père et vos frères n'aient pas quitté Paris ?

— Hélas! le sais-je?

— L'ambassadeur a fait rechercher leurs noms sur tous les livres d'écrou, et on n'a rien trouvé.

— C'est qu'alors ils sont libres, murmura mademoiselle Claire avec un accent de joie.

— Il n'y a que l'horrible journée du 10 août sur laquelle il sera toujours impossible d'avoir des renseignements précis :

mais il est une chose certaine, c'est qu'ils n'ont été ni jugés ni condamnés à mort.

— O mon Dieu! murmura mademoiselle Claire en levant les yeux au ciel.

— On a fait questionner adroitement cette fruitière de la rue du Vert-Bois, qui est la sœur de ce misérable Jérôme. Elle a prétendu n'avoir jamais entendu parler du baron d'Azay et de ses fils... »

On frappa doucement à la porte.

C'était Fritz Muller.

Mademoiselle Claire courut à lui.

« Eh bien ? » fit-elle avec angoisse.

Fritz passait chaque jour plusieurs heures à rechercher le père et les frères de mademoiselle Claire d'Azay.

— Rien encore, répondit Fritz Müller, cependant... »

Il s'arrêta et parut hésiter.

« Parlez... parlez ! lui dirent les deux jeunes filles.

— Cependant, reprit Fritz Müller, j'ai recueilli aujourd'hui un renseignement qui ne manque pas d'importance.

— Lequel ?

— Dans la rue de l'Arbre-Sec se trouve un cabaret dont l'hôte est Bourguignon.

— Ah !

— Bourguignon et Morvandiau. On le nomme Berdin.

— C'est un nom de la Bourgogne, en effet.

— Il est du village de Coulanges-sur-Yonne. Connaissez-vous ce pays?

— C'est un village situé à trois lieues du mien.

— Cet homme, poursuivit Fritz Muller, jouit dans son quartier de la réputation dangereuse de royaliste.

— Ah !

— Il passe pour avoir souvent donné l'hospitalité à plusieurs gentilshommes de sa province.

— Eh bien, courez chez lui... peut-être connaît-il mon père et mes frères... peut-être les a-t-il vus !

— J'en viens, dit Fritz Müller.

— Et vous l'avez vu ?

— Je l'ai vu ?

— Et... il ne vous... a... rien... dit ?

— Rien. Il se méfie.

— Mais, s'il sait quelque chose, il me le dira à moi ! s'écria mademoiselle Claire.

— Oh! fit doña Carmen avec effroi, vous n'allez pas sortir d'ici, au moins?

— Je veux voir cet homme...

— Mais si on vous arrête!..

— C'est que Dieu l'aura voulu, répondit la jeune fille avec une héroïque résignation.

— Ainsi vous allez voir cet homme?

— Oui.

— Traverser la moitié de ce Paris, où à

chaque pas vous allez courir un danger de mort?

— Il faut que je sache si mon père et mes frères sont morts ou vivants. »

Mademoiselle Claire parlait avec douceur, mais son accent était résolu, et doña Carmen comprit que rien ne pourrait faire plier sa volonté.

« Alors, dit-elle, je veux que don José vous accompagne. »

Mais Fritz Müller sécoua la tête.

— Ce serait une imprudence, dit-il.

— Pourquoi?

— Parce que don José est connu dans Paris, et qu'on murmure bien assez déjà contre l'ambassade d'Espagne... Mademoiselle Claire fera bien mieux, si elle persiste à sortir, de se confier à moi et de reprendre les habits qu'elle avait en arrivant; d'ailleurs, il pleut ce soir, les rues sont désertes, et nous rencontrerons peu de monde. »

Dona Carmen poussa un soupir.

« Oh! prenez bien garde! dit-elle.

— Je ne sors jamais sans armes, répondit le bon Allemand, qui ouvrit sa carmagnole et laissa voir les crosses luisantes de deux pistolets. Je me ferai tuer avant qu'il soit rien arrivé à mademoiselle Claire.

L'œil du jeune homme brillait d'une froide résolution.

« Vous êtes un brave, » dit dona Carmen.

Un quart d'heure après, mademoiselle Claire d'Azay avait repris ses habits de paysanne morvandelle, et sortait de l'hôtel de l'ambassade, appuyée sur le bras de Fritz Muller.

Tous deux entrèrent dans la rue de la

République et gagnèrent la rue Saint-Honoré. Comme ils y entraient, deux hommes, immobiles jusque-là sous une porte cochère, se mirent à les suivre.

Fritz et Claire marchaient d'un pas rapide. Mais les deux hommes ne perdirent point de terrain, et vers l'angle de la rue du Marché-Saint-Honoré, ils avaient déjà raccourci la distance qui les séparait des deux jeunes gens, à ce point que Fritz Müller se retourna inquiet.

« Je crois qu'on nous suit, dit mademoiselle Claire.

— Je le crois aussi.

— Ce sont des hommes de la police, sans doute.

— Qu'importe ! dit le bon Allemand, je leur casserai la tête à tous deux, s'ils cherchent à nous rejoindre. »

Et il se retourna de nouveau et cria :

« Au large ! citoyens... »

Les deux hommes s'arrêtèrent.

« Il me semble que vous nous suivez, dit Fritz Müller.

— C'est-à-dire, répondit l'un des deux hommes, que nous suivons le même chemin.

Mademoiselle Claire tressaillit.

« O mon Dieu! dit-elle, cette voix...

— Je la reconnais, moi aussi, dit Fritz Müller.

— Et c'est celle d'un ami, répondit l'un des deux hommes.

— Oui... oui... dit la jeune fille. Cette voix, je l'ai entendue dans la forêt... c'est celle du cavalier qui nous indiqua notre chemin.

— C'est celle du maréchal des logis de gendarmerie, » ajouta Fritz.

Et il laissa ses pistolets à sa ceinture.

Alors les deux hommes s'approchèrent.

Tous deux étaient enveloppés de manteaux, tous deux portaient un masque sur le visage.

« Oui, répéta la voix connue, nous sommes des amis.

— Je le crois, dit Fritz Müller.

— Et nous ne vous quitterons pas ce soir, soyez-en sûrs.

— Mais... cependant... »

L'un des deux hommes masqués posa sa main sur le bras de Fritz Müller.

« Cette jeune fille ferait bien, dit-il, de retourner à l'endroit d'où elle vient.

— Oh! c'est impossible! dit mademoiselle Claire.

— Alors, marchons...

— Vous nous accompagnez ?

— Oui.

— C'est bien la voix du marchef, pensait Fritz Müller; mais quel est l'autre ? »

Et il pensa tout de suite à ce vaillant

jeune homme qu'au cabaret du *Corbeau vivant* on appelait l'*Aristo*.

« Si c'était lui ! » pensait en même temps mademoiselle Claire, qui songeait, elle aussi, au beau brigadier dont la voix et le regard lui avaient si profondément remué le cœur.

Mais le compagnon du marchef resta muet.

« Ainsi, dit Fritz Müller, vous nous accompagnez ?

— Oui. Où allez-vous ?

— Rue de l'Arbre-Sec.

— Je devine chez qui, » dit l'homme masqué.

Fritz Müller et mademoiselle Claire eurent un léger frisson.

« Vous allez, reprit l'ex-marchef de gendarmerie, au cabaret des *Trois Bourguignons*, tenu par Joseph Berdin.

— C'est possible, » dit Fritz Müller tout bas.

En ce moment ils arrivaient tous les quatre sur la place du Palais-Egalité, ci-devant la place du Palais-Royal.

Un homme coiffé de l'éternel bonnet rouge en sortait.

Il passa auprès de mademoiselle Claire au moment où la lueur d'un réverbère éclairait le beau visage de la jeune fille.

Et soudain il poussa un cri.

Quant à Fritz Müller, il porta vivement

sa main à ses pistolets, car il avait reconnu le Marseillais de l'auberge du *Corbeau vivant* !

CHAPITRE SEPTIEME

VII

Le Marseillais.

Le Marseillais s'arrêta.

Mademoiselle Claire se serra contre le

bon Fritz Müller.

Les deux hommes masqués demeurèrent à distance.

Fritz Müller avait mis la main sur ses pistolets.

« Au large ! » cria-t-il.

Mais le Marseillais ne bougea pas et répondit d'un ton affable :

« Mon cher monsieur Fritz, vous ne voulez donc pas renouveler connaissance avec moi?

— Ne parlez pas à cet homme, murmura mademoiselle Claire.

— Pourquoi ? demanda Fritz Müller avec le calme d'un homme qui sent sa force.

— Oh ! je vous en prie...

— Ne craignez rien... ne suis-je pas avec vous ?

Les natures bienveillantes et douces ont parfois de ces héroïques tranquillités familières au lion.

Le Marseillais fit un pas en avant et continua avec son accent traînard :

« Mais oui, je ne me trompe pas, vous êtes bien M. Fritz Muller, l'étudiant allemand que j'ai eu l'honneur de rencontrer au cabaret du *Corbeau vivant?*

— En effet, dit Fritz Müller.

— Et la citoyenne que voilà.

— Pardon, observa Fritz Müller, puisque vous m'appelez *monsieur*, vous pouvez dire *mademoiselle*. »

Le Marseillais salua d'un air ironique.

« Ah! ah! dit-il, je crois que je suis tombé sur un ménage de tourtereaux. »

Et il eut un rire insultant.

Fritz Müller tira un pistolet de sa ceinture.

« Je vous engage, citoyen, dit-il, à passer votre chemin.

— Ah bah !

— Il fait humide ce soir, le brouillard tombe, et vous pourriez vous enrhumer.

— Merci bien du conseil »

Mais le Marseillais ne bougea pas.

« Au large! répéta Fritz Müller.

— Voyons, dit l'homme de la police, qui ne paraissait point avoir aperçu les deux personnages masqués, je crois que nous pourrions nous entendre.

— C'est facile, laissez-nous passer.

— Vous, sans doute.

— Moi et mademoiselle.

— Non pas, dit le Marseillais, je suis un bon ami du citoyen Jérôme. »

A ce nom mademoiselle Claire frissonna.

« Et le citoyen Jérôme m'a chargé de retrouver sa fille. Or donc, si mademoiselle veut venir avec moi...

— Jamais! s'écria mademoiselle Claire avec effroi et se serrant de plus en plus contre Fritz Müller.

— Citoyen, dit froidement Fritz Müller, si tu ne t'éloignes pas, je te casse la tête d'un coup de pistolet. »

Le Marseillais entendit le bruit sec du chien qu'on armait, et il vit le pistolet s'élever à la hauteur de son front.

« C'est bon, dit-il, je m'en vais. »

Et il fit un pas de retraite.

Fritz abaissa son pistolet et dit à mademoiselle Claire :

« Prenez mon bras et marchons vite. »

Mais déjà le Marseillais avait posé deux doigts sur sa bouche et fait entendre un coup de sifflet.

Aussitôt des pas précipités retentirent dans toutes les directions, et Fritz Müller se vit entouré d'une douzaine d'hommes suspects, armés de gourdins et coiffés de larges chapeaux ou de bonnets enfoncés sur les yeux.

Mademoiselle Claire se vit perdue.

« Ah! misérable, s'écria Fritz en ajustant de nouveau le Marseillais, au moins tu ne jouiras pas de ton triomphe! »

Et Fritz allait faire feu.

Une main vigoureuse saisit son bras, une voix calme lui dit :

« Ne tirez pas! »

L'étudiant reconnut la voix du marchef qui s'était glissé jusqu'à lui.

« Ne tirez pas, répéta l'homme masqué, vous me mettriez dans l'impossibilité de vous sauver tous deux. »

Et le marchef alla droit au Marseillais, qui déjà donnait l'ordre à ses hommes de police de s'emparer de Fritz Muller et de sa compagne.

« Quel est cet homme ? fit le Marseillais en reculant d'un pas.

— Un homme que tu connais, Olivier Brun. »

Le Marseillais étouffa une exclamation de surprise.

« Ah ! dit-il, c'est toi, ci-devant baron !

— C'est moi.

— Eh bien ! s'écria le Marseillais, la pêche est bonne ; elle est meilleure que je n'osais l'espérer. Deux aristocrates pour un, et un imbécile par-dessus le marché. Emparez-vous de cet homme ! ajouta-t-il, s'adressant à ces étranges séides qui venaient de surgir autour de lui.

Mais le marchef haussa les épaules.

« Tu sais bien, dit-il, qu'ordinairement on ne s'empare pas de moi, et que mes pistolets ont coutume de chanter une romance dont tu dois savoir un couplet... Cependant, aujourd'hui, je ne me donnerai point cette peine. Tu vas voir. »

Et, à son tour, le marchef fit un signe.

L'homme masqué qui l'accompagnait et avait gardé le silence jusque-là s'approcha et dit au Marseillais :

« Tu obéiras peut-être à ceci. »

Il avait entr'ouvert son manteau, et montra une petite plaque de cuivre suspendue à son cou.

Le Marseillais demeura stupéfait.

« Un représentant du peuple ! dit-il.

— Qui t'ordonne de rallier tes hommes, de laisser ces deux jeunes gens continner leur chemin, et d'aller veiller plus loin à la sûreté de la République, car ici elle n'est pas en péril. »

Le Marseillais étouffa un cri de rage, mais il obéit.

Ses hommes rentrèrent dans les ténèbres des rues environnantes, et lui-même s'éloigna, descendant la rue Saint-Honoré, du côté des halles.

« Ah ! citoyens, murmura la jeune fille, vous m'avez sauvée !

— Oui, dit l'homme au masque rouge ; mais c'est à une condition, car nous ne faisons rien pour rien.

— Oh! parlez, dit-elle avec un élan de reconnaissance.

— Il est un homme qui vous a rendu un premier service à l'auberge du *Corbeau vivant*.

— Le brigadier ? dit-elle.

— Oui, mademoiselle.

— Eh bien ?

— On le conduira demain à l'échafaud. »

Claire poussa un cri et chancela, comme si le coup de la mort l'eût frappée.

« Elle l'aime ! murmura tout bas le marchef.

Puis il reprit aussitôt :

« Mais on le sauvera ! »

Les yeux de la jeune fille, qui s'étaient déjà fermés, se rouvrirent.

« O mon Dieu ! dit-elle, ne me trompez-vous pas ?

— On le sauvera, continua l'homme au masque rouge, mais il faut que vous nous aidiez.

— Et je vous aiderai ! s'écria-t-elle. Oh ! dites, parlez... faut-il mon sang ? faut-il ma vie ?

— Non, il faut que vous lui obteniez un refuge dans l'hôtel de l'ambassade d'Espagne.

— Je l'obtiendrai. Doña Carmen est si

bonne pour moi ! n'est-ce pas, monsieur Muller ? »

Elle se tourna vers l'Allemand, qui était devenu fort pâle, car elle venait de trahir l'amour qu'elle portait, dans le secret de son cœur, au chevalier de Rochemaure.

« Oui, mademoiselle, répondit le pauvre Allemand.

— Maintenant, reprit l'homme au masque rouge, continuez votre chemin. Nous vous accompagnerons. »

Claire continua sa route, appuyée sur le bras de Fritz Muller.

Ils s'étaient remis à marcher d'un pas rapide, et ils eurent bientôt atteint la rue de l'Arbre-Sec et le cabaret tenu par Berdin le Bourguignon.

Les hommes masqués s'effacèrent dans l'ombre d'un porche voisin.

Un petit garçon de douze à treize ans posait les volets extérieurs de la devanture, et s'apprêtait à fermer, car il était près de minuit, lorsque Fritz et mademoiselle Claire touchèrent au seuil du cabaret.

« Que demandez-vous, citoyen ? dit le garçon.

— A boire, répondit Fritz.

— Il est trop tard.

— On a soif à toute heure. »

Le jeune garçon jetait sur l'Allemand et sa compagne des regards défiants.

Fritz se pencha vers lui :

« Ton maître est-il là ?

— Il est couché.

— Nous aurions voulu lui parler.

— Revenez demain. »

Mais une voix se fit entendre à l'intérieur du cabaret :

« Qu'est ce que tout ce tapage ? » fit-elle.

Puis un gros homme au teint fleuri, au

nez rubicond, en manches de chemise, malgré la rigueur de la saison, se montra sur le seuil.

C'était maître Berdin en personne.

« Ma foi ! citoyens, dit le garçon cabaretier, voilà le patron ; s'il veut vous recevoir, je ne demande pas mieux. »

Le cabaretier jetait à son tour un regard soupçonneux sur les deux jeunes gens.

« Que désirez-vous ? » fit-il.

Ce fut mademoiselle Claire qui répondit.

Elle fit un pas en avant et se plaça dans le cercle de lumière projetée par une lampe placée sur une table à l'intérieur du cabaret.

Alors maître Berdin fut ébloui par cette touchante et sublime figure de vierge.

« Citoyen, dit mademoiselle Claire, vous êtes de mon pays, et j'ai des commissions pour vous. Je viens de Coulanges. »

Maître Berdin comprit sur-le-champ que la jeune fille ne venait pas dans l'unique but de boire un verre de vin : et, ayant jeté les yeux sur ses mains blanches et mignonnes, il devina que les habits de paysanne qu'elle portait n'étaient pas faits pour elle.

« Entrez, ma petite citoyenne, dit-il. Vous êtes toute mouillée, entrez ! Et puisque vous êtes du pays, nous causerons au coin du feu. » Il la prit par la main, la fit entrer dans le cabaret et la conduisit auprès du poêle, qui était encore rouge.

Fritz Muller entra derrière eux.

« Ferme la boutique, dit maître Berdin à son garçon, et va te coucher!

— Vous n'avez plus besoin de moi, patron ?

— Non, va-t'en et reviens demain de bonne heure. »

Le garçon cabaretier, qui avait fermé la devanture avec une tringle, rouvrit une petite porte, y passa en se baissant, et s'en alla.

Maître Berdin referma cette porte et dit :

« Maintenant nous pouvons causer, nous sommes chez nous. »

Et il la regardait attentivement :

« Ah! reprit-il, vous êtes de mon pays?

— Je suis d'Azay-sur-Yonne.

— Vous ! » fit Berdin.

Et puis il se frappa le front :

« O Seigneur Dieu ! fit-il, j'aurais dû m'en douter ! Je sais qui vous êtes. Vous êtes mademoiselle d'Azay.

— Oui, dit tout bas mademoiselle Claire, et je viens vous demander des nouvelles de mon père et de mes frères. Sont-ils vivants, sont-ils libres ?

— Comment! s'écria le cabaretier, vous ne savez pas ce qu'ils sont devenus?

— Hélas! non.

— Mais vous n'avez donc pas reçu leurs lettres!

— Depuis onze mois ils ne m'ont écrit.

— Ah! je vous réponds bien du contraire, dit le cabaretier; à preuve que la sœur au père Jérôme, la fruitière de la rue du Vert-

Bois, est venue ici il y a huit jours, et que je lui ai remis une lettre de votre père.

— Vivant! vivant! s'écria Claire d'Azay brisée par l'émotion et tombant à genoux.

— Votre père et vos frères sont vivants, répondit Berdin, et ils se trouvent à l'armée de Coblentz, ajouta-t-il tout bas.

— Et vous dites qu'ils m'ont écrit. »

Berdin baissa la voix :

« Savez-vous, mademoiselle, dit-il, que

je joue ma tête à ce métier-là vingt-quatre heures par jour ?

» Mais enfin je suis royaliste, mon sang appartient à ma cause.

» Eh bien, tous les mois, un homme vient loger ici. Il est vêtu en roulier, il conduit une charette et passe pour le domestique d'un marchand de grains. C'est le dernier relai d'une poste aux lettres que nous avons établie entre Coblentz et Paris.

— Et il vous apporte des lettres de mon père ?

— J'en ai déjà reçu huit ou dix. »

Claire et Fritz Muller se regardèrent.

« Oh! s'écria-t-elle. Jérôme est un infâme !

— Jérôme ? fit Berdin étonné, votre intendant ?

— Oui, » dit la jeune fille.

Et alors elle raconta avec un laconisme

que les circonstances semblaient impérieusement commander ce qui s'était passé à l'auberge du *Corbeau vivant*, et comment depuis onze mois le misérable prétendait être sans nouvelles de ses maîtres.

« Mais vous avez répondu à votre père et à vos frères ? s'écria Berdin au comble de l'étonnement.

— Jamais !

— Voilà qui est étrange ! » dit-il.

Et se dirigeant vers un bahut qui lui servait de comptoir, il ouvrit son tiroir à caisse, fit jouer le ressort d'un double fond ingénieusement ménagé et en retira une lettre qu'il tendit à la jeune fille.

Mademoiselle Claire jeta un cri d'étonnement.

La lettre portait pour suscription :

Au citoyen d'Azay.

Et l'écriture de cette suscription ressemblait si merveilleusement à la sienne, qu'elle se demanda si ce n'était pas elle qui avait tracé cette ligne.

« C'est pourtant bien une lettre de vous ! dit Berdin.

— Non.

— Ouvrez-là, alors ! »

Claire ouvrit la lettre, et, au comble de la surprise, elle lut :

« Mon bon père,

» Je me suis mise en route pour Paris, » il y a huit jours, avec notre bon et fidèle

» Jérôme. Nous sommes descendus rue
» du Vert-Bois, chez sa sœur. Jérôme est
» au mieux avec un grand personnage du
» gouvernement révolutionnaire, et il
» m'affirme que vous pouvez, vous et mes
» frères, revenir à Paris. Il vous enverra
» des passeports d'ici à huit jours, avec
» lesquels vous pourrez sans crainte re-
» venir à Paris. »

Cette lettre échappa des mains de mademoiselle Claire, qui venait de lire au bas de la dernière page sa signature parfaitement imitée.

« Ah! murmura-t-elle, cet homme est un monstre!

— Mais que veut-il ? quel est son but ?

— Il veut faire guillotiner mon père, mes frères, et moi ensuite.

— Et acheter vos biens confisqués, sans doute, » acheva Berdin.

Et il ouvrit la porte du poêle et y jeta la lettre, ajoutant :

« Ah ! ma chère demoiselle, bénissez Dieu de vous avoir conduite ici ce soir, car cette lettre devait partir demain. »

Claire prit dans ses deux mains la grosse main calleuse du cabaretier :

« Vous êtes un brave homme ! » dit-elle avec des larmes dans la voix.

Berdin, gagné par l'émotion, s'essuya

les yeux du revers de sa manche et reprit :

« Mais vous, mademoiselle, comment avez-vous pu venir ? Où êtes-vous cachée à Paris ?

— Dans la seule maison où les aristocrates soient en sûreté, répondit Fritz Muller.

— Et, monsieur. »

Il désignait Fritz Muller.

Claire enveloppa le bon Allemand d'un regard affectueux qui lui fit oublier toutes ses souffrances :

« C'est mon sauveur, dit-elle, mon ami, mon frère. »

Comme elle parlait ainsi, deux coups précipités furent frappés à la devanture de la boutique.

« Gare à la police ! » dit Berdin, qui souffla la chandelle.

Mais une voie émue, précipitée par l'angoisse, une voix de femme dit au dehors :

« Ouvre, Berdin, ouvre, je suis seule, c'est moi.

— Qui, vous ?

— Farandole. »

Le cabaretier alla ouvrir, et mademoiselle Claire et Fritz virent, à la lueur douteuse que projetait encore le poêle, une femme qui se glissa dans le cabaret.

« Vite ! mon bon Berdin, dit-elle, il me faut des habits, je suis pressée, et j'ai besoin de toi.

— Mais où vas-tu à cette heure, ma pauvre fille ? demanda Berdin.

— Sauver quelqu'un. »

Le cabaretier tressaillit.

Farandole n'avait pas aperçu, grâce à l'obscurité, Fritz Muller et mademoiselle Claire. Elle se crut seule avec Berdin.

« Tu sais bien, dit-elle, que le jour où ils m'ont tué mon pauvre Victor, j'ai fait un serment. J'ai juré de dévouer ma vie à sauver ceux que la guillotine attend, jusqu'à ce qu'elle me prenne moi-même. »

Berdin avait, tandis que Farandole parlait, rallumé la chandelle.

Uu premier rayon de clarté tomba sur
le visage de la ballerine.

Soudain, abusée par une ressemblance
étrange, mademoiselle Claire poussa un
cri :

« Armande! dit-t-elle, ma cousine!

— Je ne m'appelle pas Armande, répondit la ballerine étonnée ; on me nomme Farandole.

CHAPITRE HUITIEME

VIII

Le pacte.

Tandis que Farandole entrait dans le cabaret de maître Berdin, une scène différente se passait dans la rue.

La ballerine n'était pas venue seule.
L'homme qui l'avait suivie depuis la rue
des Bons-Enfants et qui l'avait abordée rue
Villedo l'accompagnait.

A vingt pas du cabaret, Farandole s'arrêta et lui dit :

« Je ne puis pas vous accompagner là
où vous me conduisez dans le costume où
je suis.

— C'est juste, dit le personnage à la
voix sonore.

— Si j'ai bien compris, reprit-elle, vous allez me conduire dans une maison où vous me ferez passer pour une ouvrière ?

— Oui.

— Donc, il me faut des vêtements autres que ces oripeaux.

— Et vous comptez en trouver là ?

— Oui. Seulement, laissez-moi entrer seule.

— Comme vous voudrez, » dit l'homme au manteau.

Et il demeura dans la rue et se promena de long en large, tandis que la ballerine se glissait dans le cabaret par la petite porte que maître Berdin le Bourguignon venait d'entr'ouvrir.

L'agitation de cet homme était extrême.

« Oui, murmura-t-il à mi-voix, je veux la sauver... il le faut !.. Mais comment ? Cette ressemblance suffira-t-elle ? Et quand *l'autre* sera en liberté, celle-ci parviendrat-elle à prouver qu'elle n'est pas Armande ?

Je ne puis pourtant envoyer l'une à la mort pour sauver l'autre... Et puis, ne se doutera-t-on de rien à la Conciergerie ? Ne me reconnaîtra-t-on pas ? Oh ! j'ai trop présumé de mes forces !.. Et cependant, dussé-je aller trouver Robespierre, il faut qu'elle vive !.. »

Comme il parlait ainsi, croyant la rue déserte, une ombre s'agita et marcha vers lui.

L'homme au manteau tressaillit et cria :

« Au large !

— Ami ! dit une voix,

— Qui êtes-vous ?

— Bordeaux et Toulouse, » répondit l'ombre.

C'était le mot de passe donné le matin aux chefs de la police municipale par le comité du salut public.

Le mystérieux personnage s'arrêta

étonné; l'ombre avança et devint un corps.

En même temps une main s'appuya familièrement sur l'épaule de l'homme qui avait accompagné Farandole.

« Qui êtes-vous ? dit ce dernier, voyant qu'il avait affaire à un homme masqué.

— Je suis un homme qui, comme vous, s'intéresse au sort d'une personne que vous aimez. »

Cette réponse bouleversa le compagnon de Farandole.

L'homme masqué se pencha à son oreille et murmura un nom.

« Vous me connaissez ?

— Oui.

— Mais qui donc êtes-vous ?

— Voilà ce que vous ne saurez pas. Cependant, nous pouvons nous entendre.

— Je ne m'entends qu'avec les gens qui montrent leur visage et déclinent leur nom. »

Un rire moqueur retentit sous le masque.

« Citoyen, dit la voix, nous ne suivons pas le même chemin. Nos bannières sont différentes ; la mienne se nomme *devoir*, la tienne *liberté* ; mais qu'importe, si nous nous rencontrons sur un terrain neutre, celui de l'humanité et du dévouement !

— C'est-à-dire, reprit l'homme au manteau, que vous êtes un aristocrate, un suspect, un émigré ?

— Que t'importe ! Es-tu, toi, en ce moment, l'homme politique, le membre du comité de salut public, l'orateur fougueux qui a renversé un trône au souffle gigantesque de sa parole ? Non. A cette heure, tu es un pauvre homme frappé au cœur, un inconnu qui cache son visage, qui marche d'un pas furtif... et tout cela pour

accomplir une bonne action.

— C'est vrai, dit simplement l'homme

au manteau.

— Seulement, reprit le masque rouge,

tu ne sais pas comment t'y prendre pour

concilier ton devoir et ton amour...

— Vous lisez donc au fond des cœurs?

s'écria le compagnon de Farandole stupé-

fait.

— Peut-être... »

Et, un moment silencieux, l'inconnu reprit :

« Comme toi nous avions songé à la jeune fille qui vient d'entrer là, et qui ressemble si merveilleusement à mademoiselle Armande de Vérinières.

— Vous savez aussi cela ?

— Nous savons tout...

— Mais qui donc êtes-vous ? répéta

l'homme au manteau avec une sorte d'angoisse.

— Des hommes que toi et les tiens croyez avoir proscrits, et qui sauront vous braver... A présent, écoute, citoyen. Ce n'est pas toi qui iras à la Conciergerie.

— Vous saviez donc encore ?..

— Tu parlais assez haut tout à l'heure. Ce n'est pas toi, c'est nous !..

— Vous ? vous ?.. Mais vous pourrez donc y entrer ? »

L'inconnu sourit sous son masque.

« Nous pouvons tout ce que nous voulons ; donc nous y entrerons...

— Et après ?

— Nous nous ferons ouvrir le cachot de mademoiselle de Vérinières...

— Mais tout cela est un rêve ! balbutia l'homme au manteau.

— Un rêve mélangé de sang ! — dit avec amertume son interlocuteur. — A présent, réfléchis bien, citoyen. Si tu n'as pas foi en nous, si tu hésites, si tu veux toi-même accomplir la besogne dont nous t'offrons de nous charger, voici ce que je te prédis : avant un mois tu auras été dénoncé au comité de salut public comme favorisant les aristocrates. »

L'homme au manteau passa une main fiévreuse sur son front,

« Qu'importe, dit-il, si *elle* est sauvée ?

— Mais si nous la sauvons, nous...

— Et qui m'en répondra ?

— Moi.

— Vous oubliez que vous ne voulez pas décliner votre nom.

— Et si je vous disais ce nom, le citoyen membre du comité de salut public serait-il un homme à l'oublier.

— Celui-là seul qui veut sauver Armande, s'en souviendra. »

Alors le masque rouge s'approcha de l'homme au manteau et lui murmura un nom dans le tuyau de l'oreille.

« Vous ! s'écria celui-ci.

— Moi.

— Mais vous jouez votre tête.

— Qu'importe, si je sauve celle d'Armande ? »

Puis le masque rouge prit la main de l'homme au manteau.

« Je n'ai pas besoin de votre parole, à vous, dit-il.

— Ni moi de la vôtre, répondit l'homme au manteau. Mais comment sauverez-vous Armande ?

— C'est mon secret. »

L'homme au manteau eut tout à coup un accent étrange.

« Oh ! dit-il, vous l'aimez !..

— Ne soyez pas jaloux .. je ne l'ai jamais vue.

— Alors pourquoi ?..

— D'abord, je suis un ami de sa famille, ensuite, je tiens personnellement à vous rendre un service.

— Ah !

— Car j'aurai besoin de vous... Oh ! ne vous alarmez pas... que votre pudeur républicaine ait garde de s'effaroucher... on ne demandera qu'à l'homme.

— Eh bien, parlez... »

Le masque rouge secoua la tête.

« Pas encore, dit-il. Seulement, jurez-moi que, Armande une fois libre, une fois hors de péril, — si un homme se présente chez-vous un matin, vous le recevrez...

— Et puis ?

— Rien. »

Ce monosyllable fut articulé froidement.

« Est-ce conclu ? ajouta le masque rouge.

— Oui.

— Demain soir Armande sera libre. Seulement, il me faut cette fille qui, dites-vous, ressemble si parfaitement à mademoiselle de Vérinières. »

En ce moment, la ballerine sortait du cabaret et hésitait une seconde à aborder l'homme au manteau, le voyant avec un inconnu.

« Approchez, » lui dit-il de sa magnifique voix de basse-taille.

Farandole était enveloppée des pieds à la tête dans une longue pelisse, dont elle avait rabattu le capuchon sur ses yeux.

« Mon enfant, lui dit l'homme au manteau, êtes-vous toujours décidée ?

— Toujours.

— Alors, suivez monsieur, et ce qu'il vous demandera, faites-le !... »

Les deux hommes se donnèrent une poignée de main.

« Au revoir ! dit l'homme au manteau.

— A bientôt, dit le masque rouge, et comptez sur nous. »

L'homme au manteau allait s'éloigner.

Le masque rouge le rappela, se pencha de nouveau à son oreille et lui dit :

« Demain vous recevrez un billet qui vous dira ce qu'Armande de Vérinières sera devenue. »

Quand le masque rouge se trouva seul avec Farandole, il lui dit :

« Prenez mon bras, et venez avec moi... »

Farandole lui prit le bras, et le suivit avec la docilité d'un chien.

« Je dois vous prévenir, continua le masque rouge, que vous allez coucher en prison.

— Peu m'importe!

— L'homme qui vous a confiée à nous a donc sur vous beaucoup d'ascendant?

— Je ne l'avais jamais vu il y a une heure.

— Alors, pourquoi l'avez-vous suivi ?

— Parce qu'il m'a dit des paroles qui sont descendues au fond de mon cœur.

— Que vous a-t-il dit ?

— Il m'a demandé si je voulais racheter quelqu'un de la guillotine.

— Eh bien ?

— Et alors, continua Farandole d'une voix sourde, comme je n'ai pu autrefois sauver une tête chérie, et que depuis le jour fatal j'ai fait le serment de vouer mon sang, ma vie, mon âme à sauver quelqu'un si l'occasion s'en présentait, j'ai accepté avec joie.

— Quelle était donc cette tête que vous vouliez sauver ?

— Celle du seul homme que j'ai aimé.

— Quel était cet homme ?

— Je le croyais un simple soldat.

— Ah ! »

Farandole essaya de voir à travers le masque de l'inconnu.

« Etes-vous bon, vous ? dit-elle avec l'accent farouche de la défiance.

— J'ai aimé, j'ai pleuré, j'ai souffert... »

Ces mots allèrent au cœur de la ballerine.

« Alors, dit-elle, écoutez... »

Et son bras pesa plus fort, obéissant à un confiant abandon, sur le bras du masque rouge.

« Je vous écoute, dit-il.

— Je suis une fille des rues, reprit-elle simplement. Je ne sais pas où je suis née. La femme que j'appelle ma mère n'est pas ma mère. Elle faisait partie d'une troupe de saltimbanques qui m'ont volée à mes vrais parents. J'ai vingt ans, je danse depuis l'âge de six ans ; j'ai longtemps manqué du nécessaire, grelottant dans un grenier par les rudes journées d'hiver.

» Après avoir vécu de pain sec, souffert le froid et la faim, il fallait danser, tantôt sur la place publique, en quelque carrefour boueux, tantôt dans un café comme celui d'où je sors.

» Un soir que, triste et lasse de mon

étrange vie, je chantais du bout des lèvres une chanson d'amour que je ne comprenais pas, je sentis du milieu de la foule un rayonnement de chaleur qui pesait sur moi.

» On eût dit que deux charbons ardents étaient tournés vers mon visage.

« C'était un homme qui me regardait avec des yeux noirs qui me transperçaient comme la lame d'une épée.

» Ah! dit la ballerine, je ne sais pas si cet homme était beau, mais il devint à l'instant même le maître et le roi de mon âme, et je sentis que ma vie lui appartenait, et je compris pour la première fois cette chanson que je chantais depuis six ans.

» Cet homme portait l'habit d'un soldat, d'un garde-française, le régiment qui avait passé au peuple quelques mois auparavant.

» Que se passa-t-il entre nous ? Oh! ce serait trop long à vous raconter. Mais un mois après, cet homme était devenu pour moi l'univers; je ne croyais qu'en lui, je n'aimais que lui... A peine savais-je son nom; il se nommait Victor...

» Victor tout court, — comme doit s'appeler un enfant du peuple, un simple soldat.

» Nous demeurions ensemble dans ma mansarde de la rue Villedo.

» Il partait le matin il revenait chaque soir.

» Un jour il me dit : Nous sommes licenciés, je ne porterai plus l'uniforme; mais sois tranquille, je vais chercher de l'ouvrage; je suis un bon ouvrier, je me tirerai d'affaire.

» Il se passa huit jours encore.

» Un matin il me dit :

» Si je ne rentrais pas ce soir, ne t'en

étonne pas. Je dois aller dans la banlieue chercher de l'ouvrage.

» — Mais à quoi veux-tu donc travailler ? lui demandai-je avec inquiétude.

» — J'étais menuisier de mon état avant d'entrer au service.

» — C'est singulier, lui dis-je, mais tu as des mains mignonnes et blanches comme un grand seigneur.

» — C'est que le mousquet est moins

lourd que le rabot, me répondit-il en riant. Et il s'en alla.

» Le soir, il ne revint pas. Le lendemain, je l'attendis vainement...

» Trois jours s'écoulèrent, je sentis que je devenais folle...

» Je sortis de notre grenier, je me mis à courir au hasard dans la rue, demandant mon Victor adoré à tous les échos.

» Personne ne me répondit.

» Cependant il y avait une grande rumeur dans Paris, et la foule s'attroupait dans les rues.

» On avait découvert la veille une conspiration ayant pour but d'enlever Louis XVI du Temple.

» Les conspirateurs avaient été arrêtés, jugés, condamnés.

» Je me trouvai sur le passage de la charrette, et soudain je jetai un cri terrible.

» Victor était au milieu des condamnés.

» Il me reconnut et me sourit.

» — Arrêtez! m'écriai-je, arrêtez! c'est mon amant... c'est mon mari... c'est Victor!

» — Ça, me dit une femme qui suivait la charrette en hurlant, ça, ton mari?... Allons donc! c'est le marquis de la Roche-Bertrand.

» Je jetai un cri encore et je m'évanouis.

» Quand je revins à moi la nuit était venue, il pleuvait et les rues étaient désertes.

» Je me traînai défaillante jusqu'à la place de la Révolution, et mes pieds glissèrent dans un ruisseau de sang.

» Je trempai mes mains et mon front dans cette boue sanglante, et, veuve avant d'être femme, je fis le serment de donner ma tête à celui qui la voudrait, si ma tête devait en racheter une autre.

Au moment où elle parlait ainsi, le masque rouge et la jeune fille entraient dans le cercle de lumière décrit par une lanterne de coin de rue, et ils étaient en face du pont Neuf.

Le masque rouge regarda Farandole.

Une grosse larme, une larme silencieuse roulait lentement sur sa joue.

C'était la larme que versent ceux pour l'heure inflexible du désespoir sans limites a sonné depuis longtemps.

« Ah! pauvre enfant! » murmura t-il.

Et dès lors ils cheminèrent silencieux, et quelques minutes après ils arrivèrent aux portes de la Conciergerie.

CHAPITRE NEUVIEME

IX

La jupe écarlate.

Que s'était-il passé dans le cabaret de maître Berdin le Bourguignon, tandis que le masque rouge et l'homme au manteau causaient ensemble ?

La ballerine avait répondu à mademoiselle Claire, qui venait de pousser un cri en la prenant pour sa cousine, mademoiselle Armandine de Vérinières :

« Je ne suis pas celle que vous croyez, et je me nomme Farandole.

— Oh! c'est impossible, c'est toi, Armande! Je reconnais tes beaux cheveux noirs, tes grands yeux, ton large front!

— C'est donc vrai, dit la ballerine avec un sourire mélancolique, je ressemble si parfaitement à une grande dame, qu'on m'a dit que si nous nous trouvions l'une à côté de l'autre, on nous confondrait.

— C'est vrai, dit Berdin, et je te l'ai dit souvent. »

Mademoiselle Claire d'Azay regardait toujours la danseuse avec une sorte de stupeur.

« Non, mademoiselle, dit Berdin, moi aussi je vous affirme que vous vous trompez. Je connais Farandole depuis dix ans qu'elle danse avec la jupe rouge que vous voyez. »

Puis, s'adressant à la ballerine :

« Qu'est-ce que tu veux, ma fille ?

— Des habits de femme. En as-tu ?

— Non.

— Cependant tu as une fille de service appelée Marianne ?

— Je l'ai renvoyée il y a deux jours.

— Et elle ne t'a rien laissé de sa défroque ?

— Rien. »

La danseuse se tordit les mains.

« Il me faut pourtant des habits autres que ceux-là...

— Mais pourquoi ?

— Ah! je ne sais pas... Mais un homme est là dehors qui m'attend et m'a offert de sauver quelqu'un de la guillotine, — et tu sais, ajouta Farandole avec angoisse, si je suis femme à refuser !

— Mais qui donc vas-tu sauver ?

— Je ne sais pas...

— Est-ce un homme ? est-ce une femme ?

— Oh ! ce doit-être une femme, car il est bien ému, cet homme ; il a des larmes dans la voix, et il marchait tout à l'heure comme si on l'eût conduit lui-même à la guillotine.

— Et il veut que tu aies d'autres habits ?

— Oui.

— Pourquoi ?

— Je ne sais pas... »

Berdin sembla réfléchir.

« Comment est-il, cet homme ?

— Il est grand, il a les épaules larges; la voix pleine et sonore, un cou de taureau et de grands beaux yeux qui vous descendent au fond de l'âme. »

Un souvenir parut assaillir le cabaretier.

« Si c'était lui ! pensa-t-il tout haut.

— Qui lui, demanda mademoiselle Claire.

— Ecoutez, reprit le Bourguignon parlant avec précipitation. Je suis du pays de votre cousine, mademoiselle...

— Je le sais, Vérinières est tout près de Coulanges..

— Il y a six ans, poursuivit Berdin, un homme vint dans le pays, qui se prit pour votre cousine d'une passion violente.

— Et... cet homme ?

— Oh! dit Berdin, baissant la voix, cet homme ressemblait au portrait que Farandole vient de nous faire... cet homme, il est tout-puissant aujourd'hui... et ce qu'il veut... il le peut...

— Mais son nom ?

— Ce nom brûle les lèvres, mademoiselle... »

Et Berdin se pencha à l'oreille de Claire d'Azay qui frissonna.

« Oui, dit Berdin qui s'échauffait en parlant, ce doit être *lui*... et c'est pour la sauver, *elle*...

— Elle ?

— Ah! mon Dieu, murmura l'honnête cabaretier, mais vous ne savez donc rien ?

— Que voulez-vous que je sache ?

— Mais votre cousine est condamnée à mort!...

Claire jeta un cri.

« Et c'est pour la sauver ; oh ! je devine tout maintenant.

— C'est-à-dire, murmura Farandole avec mélancolie, qu'on m'enverra à sa place là-bas...

— Oh! non... il doit avoir trouvé un moyen. Tiens, petite, voilà ce que je m'imagine...

— Parlez! dit Claire d'Azay, qui continuait de regarder la danseuse.

— Je me figure, reprit Berdin, qu'il va te mettre à sa place dans la prison. Et puis, demain, quand elle sera partie, tu te feras reconnaître. Il y a assez de monde à Paris qui a vu danser Farandole.

— Tout cela m'est égal, dit tristement Farandole ; si je meurs, j'irai rejoindre Victor. O mon Dieu! ajouta-t-elle avec angoisse, mais où donc trouverai-je des habits?

— Prenez les miens, dit Claire avec un accent résolu.

— Les vôtres !

— Oui, puisque c'est pour sauver ma cousine.

— Mais, dit la danseuse, vous n'allez pas rester ici, vous, mademoiselle ? Comment ferez-vous ?

— Je mettrai votre jupe rouge et votre basquine. »

Ces mots firent sourire le bon Allemand, jusque-là grave et silencieux.

« C'est un bon costume, après tout, dit-il, pour courir les rues de Paris. On ne devinera jamais qui vous êtes, quand on vous verra ainsi vêtue. »

Déjà mademoiselle Claire s'était enfuie dans l'arrière-salle du cabaret et elle s'y dépouillait de ses habits.

La ballerine l'y suivit.

Pendant quelques minutes, le cabaretier et le bon Allemand se regardèrent silencieusement.

Enfin, Berdin lui dit:

« Qu'est donc devenu Jérôme ?

— Je ne sais pas... mais, fit tout bas l'Allemand, il a trouvé un acolyte, un misérable comme lui qui a levé sur mademoiselle Claire un regard impur, et fera tout pour arriver jusqu'à elle.

— Oh ! dit le Bourguignon avec un geste d'effroi... et cet homme...

— C'est un homme de la police. »

Berdin frissonna.

« Mais comment s'appelle-t-il ?

— Je ne sais pas ; on le nommait le

Marseillais, à l'auberge du *Corbeau vivant*.

— Le Marseillais, s'écria Berdin avec un accent d'épouvante ; ah ! le brigand !

— Vous le connaissez ?

— Oui... pour mon malheur... il est venu faire une perquisition ici, il y a huit jours... et il a arrêté un gentilhomme que je cachais.

— Et ce gentilhomme ?

— Mort ! » murmura tristement le cabaretier.

En ce moment les deux femmes reparurent.

— Berdin et Fritz Muller ne purent se défendre d'un mouvement d'étonnement.

Farandole était habillée en paysanne ; Claire avait endossé la jupe rouge et la basquine de velours noir de la danseuse.

Les deux femmes ainsi vêtues semblaient avoir subi une métamarphose morale et physique.

La ballerine était redevenue modeste,

simple, presque timide. Seul, son œil avait conservé le sombre éclat du désespoir.

Claire, au contraire, paraissait avoir pris une certaine hardiesse de regard et de tournure. Ses belles épaules nues frémissaient, et, comme la danseuse, elle avait rejeté en arrière, pour mettre à découvert son beau front, sa luxuriante chevelure blonde.

L'Allemand admira et murmura tout bas :

« Les femmes seules peuvent subir, en

quelques secondes, de pareilles transformations. »

Farandole osa prendre la main de mademoiselle Claire et la porter à ses lèvres.

« Adieu, mademoiselle, dit-elle, si nous ne nous revoyons pas... »

— Oh! dit la jeune fille qui la prit dans ses bras et l'y serra avec transport, nous nous reverrons... et bientôt... j'en ai le pressentiment...

— Priez pour la pauvre fille des rues qui sera morte pour une grande dame, poursuivit la danseuse... Et si vous voulez être aussi bonne que vous êtes belle, eh bien! ne me refusez pas... ajoutez à mon nom un nom dans vos prières... le nom de Victor! »

Claire et les deux hommes virent alors couler sur la joue de Farandole une larme semblable à celle que l'homme au manteau avait déjà vue couler.

« Adieu! » répéta-t-elle, et elle sortit...

. . . .

Or il y avait quelques secondes que

Farandole avait rejoint son mystérieux compagnon.

Deux coups furent frappés à la porte du cabaret.

« Qui est là ? demanda Berdin.

— *Masque rouge!* » répondit une voix.

Berdin entr'ouvrit la petite porte, et le personnage à la plaque de cuivre qui avait accompagné le *marchef* se montra.

Berdin jeta un regard inquiet sur mademoiselle Claire.

Mais l'homme masqué, sans prendre

garde au nouveau costume de la jeune fille, lui dit :

« Mademoiselle, au nom de votre vie, de votre salut, au nom de votre père et de vos frères, je vous supplie de ne pas sortir d'ici avant que nous soyons revenus, mon ami et moi. Alors nous vous reconduirons, et vous pourrez rentrer sans danger à l'hôtel de l'ambassade.

— Je vous le promets, » répondit Claire.

Le masque rouge disparut.

Berdin referma la porte et vint se rasseoir auprès du poêle.

Puis il éteignit de nouveau la chandelle.

« Il est inutile, dit-il, d'éveiller l'attention de la police »

On entendait dans la rue le pas des masques rouges et de la ballerine qui s'éloignaient rapidement.

« Je parierais ma part de paradis, dit Berdin, que les masques rouges en sont...

— Qu'est-ce que les masques rouges et de quoi sont-ils ?

Berdin mit un doigt sur ses lèvres.

« Mademoiselle, répondit-il tout bas, les masques rouges sont des gens dont on ne doit pas parler... Tout ce que je puis dire, c'est qu'ils ont juré une haine vivace à la guillotine, et je crois qu'ils sont au nombre de ceux qui veulent sauver votre cousine. »

Claire raconta alors à Berdin comment, il y avait une heure, elle avait été protégée par deux de ces hommes.

« Quand ils promettent, ils tiennent,

dit le cabaretier ; et s'ils vous ont promis de vous protéger, vous n'avez rien à craindre.

— Pas même du Marseillais ?

— Ah ! celui-là, murmura le cabaretier, c'est un terrible ennemi... Mais, silence ! écoutez !.. »

Et le cabaretier se leva, alla coller son oreille contre les volets de la devanture et dit :

« J'entends une patrouille. »

En effet, des pas réguliers, cadencés,

mêlés au bruit des crosses de fusil heurtant le pavé, se faisaient entendre.

« Silence ! » répéta Berdin.

Puis il eût une inspiration; il prit la jeune fille et l'Allemand par la main et les poussa dans l'arrière-salle en leur disant :

« Fermez la porte et ne bougez pas ! »

La patrouille s'avançait.

Un patriote soldat chantait en sourdine la *Marseillaise*.

Quand elle fut devant le cabaret, elle s'arrêta

Berdin devint inquiet.

Une voix méridionale se fit entendre au dehors, disant :

« Citoyen capitaine, je t'affirme qu'il y a là une aristocrate. »

Berdin eut peur.

« Ce cabaret est réputé comme hanté par les royalistes, poursuivit la voix.

— Le Marseillais! » murmura Berdin, qui eut un battement de cœur.

Une voix plus grave, une voix parisienne, et qui n'était point dépourvue d'un certain accent de bonhomie, répondit :

« Je ne vois pas de lumière... tout le monde est couché... passons notre chemin !.. j'ai pour mission de veiller sur le repos des citoyens, moi et mes hommes, et non pas de faire des perquisitions.

— Citoyen capitaine ! insista la voix méridionale, prends garde ! Je te dis « il

» y a là une aristocrate » et tu refuses de t'en assurer.

— Mais de quelle aristocrate parles-tu donc? fit le capitaine avec humeur.

— C'est une jeune fille déguisée en paysanne.

— Bah! qu'est-ce qui me prouve...

— Citoyen, au nom de la République, je te somme!...

— Ah! ma foi! dit le capitaine qui parut se tourner vers ses hommes, je ne veux pas me faire des affaires avec la police.

— Tu as raison, citoyen capitaine.

— Mais je m'excuserai auprès de ce brave cabaretier. »

Berdin avait un terrible battement de de cœur.

Une crosse de mousquet heurta la devanture, Berdin alla se coucher dans un coin, sur un lit de sangle, et se hâta de se dépouiller de sa culotte et de sa veste...

Il était déjà en manches de chemise.

La crosse heurta plus fort

Alors Berdin sauta bruyamment à bas du lit de sangle et cria :

« Au voleur ! »

Un troisième coup de crosse ébranla les volets ; en même temps le capitaine éleva la voix :

« Au nom de la loi ! dit-il, ouvrez.

— Allons, bon ! grommela Berdin assez haut pour être entendu au dehors, voici encore la police qui vient m'ennuyer.... Quand donc seront-ils bien convaincus que je ne loge pas les aristocrates ?

Et il alla ouvrir.

— Qu'est-ce que vous voulez, citoyens? dit-il en se montrant en chemise... Si vous voulez boire, vous tombez mal... je n'ai plus de vin...

— Allume ta chandelle, drôle! dit le Marseillais.

— Bon! fit le cabaretier, c'est encore vous!

— C'est moi!

— Vous ne me laisserez donc jamais dormir?

— Allume ta chandelle, citoyen, dit le capitaine, et laisse-nous visiter ta maison. Si le citoyen agent de police s'est trompé, si tu n'as personne chez toi...

— Il a une jeune fille vêtue en paysanne! dit le Marseillais.

— C'est ce que nous allons voir... grommela le capitaine, et si vous vous êtes trompé, je l'engagerai à s'aller plaindre à la commune. »

Berdin rallumait tranquillement sa chandelle et disait :

« Figurez-vous, citoyen, que ce gredin de policier me fait lever chaque nuit... et on appelle ça de la liberté !

— Je te dis, fit le Marseillais avec colère, que tu as chez toi une aristocrate.

— Ah !

— Je l'affirme sur ma tête.

— Comment est-elle ? demanda Berdin, qui retrouva toute l'astuce et toute la présence d'esprit bourguignonnes.

— C'est une jeune fille habillée d'une robe bleue. Elle a un fichu rouge au cou et des sabots aux pieds. »

Berdin haussa les épaules.

« Je n'ai ici, dit-il, qu'une pauvre danseuse qui chante et danse dans les cafés, le soir, en jouant des castagnettes, et que je loge par charité.

— Où est-elle ?

— Pardi ! elle est là... elle dort... »

Et Berdin montrait la porte de l'arrière-salle.

« Montre-nous-la, » dit le capitaine.

Berdin adressait à Dieu, dans le plus profond de son cœur, une ardente prière. Il entr'ouvrit la porte de la salle basse et dit :

« Est-ce que tu dors, petite ?

— Non, » répondit une voix harmonieuse et fraîche.

En même temps la porte s'ouvrit toute grande et une jeune fille s'élança dans le cabaret, ayant aux mains les castagnettes de Farandole et pirouettant sur *ses pointes* comme une véritable danseuse.

« C'est elle ! » s'écria le Marseillais.

Elle lui jeta un sourire provocant.

« Tiens ! dit-elle, je le reconnais ! c'est mon amoureux du café des Aveugles ! Les citoyens payent-ils quelque chose ? veulent-ils que je leur danse un boléro ? »

Et Claire d'Azay, transformée, métamorphosée, puisant une audace incroyable dans le péril même de cet instant suprême, comprenant qu'il s'agissait pour elle de la vie, se souvint que, dans sa jeunesse, au bal du gouverneur de Bourgogne, elle avait dansé le boléro, chanté des airs espagnols et agité les castagnettes...

Et elle se prit à danser et à chanter, l'œil brillant, la lèvre railleuse, le corps lascif et abandonné...

Et les municipaux battirent des mains, crièrent *bravo !* et le Marseillais comprit qu'il était battu.

L'ange était devenu démon pour une heure...

Tandis que mademoiselle Claire d'Azay s'improvisait ballerine, la véritable danseuse, Farandole, appuyée au bras de l'homme masqué et suivie à distance par l'autre masque rouge, arrivait à la porte de la Conciergerie.

Là, son conducteur s'arrêta, tourna la tête et fit un signe à son compagnon.

« Vous savez ce que vous avez à faire? dit-il à voix basse.

— Oui.

— Alors, entrez... je vous attendrai ici. »

Le second masque rouge s'approcha et prit le bras de Farandole.

« Ma petite, lui dit-il, je vais vous

expliquer ce que nous attendons de vous.

— Parlez, dit la ballerine.

— Vous ressemblez trait pour trait à une dame qui est condamnée à mort.

— Je le sais.

— Nous allons vous conduire dans son cachot.

— Bien.

— Demain, après-demain, les jours suivants, vous vous bornerez à répondre par

monosyllabes aux questions de vos geô-
liers.

— Et après ?

— Un matin un homme vêtu de noir se présentera et vous demandera si vous persistez à vous dire enceinte.

— Que répondrai-je ?

— Que vous ne savez pas ce qu'on vous demande ; que vous avez été arrêtée le soir, vous ne savez pourquoi, et que vous n'êtes ni enceinte, ni aristocrate, mais que vous vous nommez Farandole. Alors vous vous réclamerez de tous les gens qui vous connaissent : du maître du café-concert de la rue des Bons-Enfants, de votre mère, de vos amis, de tous ceux que vous connaissez.

— Et vous croyez, demanda Farandole avec indifférence, que l'on ne me guillotinera pas?

— Mais certainement non, dit le masque rouge. On fait la république plus méchante qu'elle n'est; et les gens qui disent qu'elle guillotine à tort et à travers sont des gens de mauvaise foi ou des imbéciles. »

Ayant ainsi parlé, le masque rouge souleva le marteau de la Conciergerie et le laissa retomber pesamment sur la porte de chêne ferrée de gros clous et doublée de bronze.

Celui qui avait donné jusqu'alors le bras à Farandole s'éloigna de quelques pas et demeura immobile dans l'obscurité, appuyé au parapet du pont.

Un guichet s'ouvrit au milieu de la terrible porte.

« Qui est là?... » demanda une voix.

Le masque rouge entrouvrit son manteau et montra sa plaque de cuivre.

Un guichetier approcha une lampe de l'ouverture, reconnut la plaque et s'inclina.

La porte s'ouvrit.

« Cachez bien votre visage, » dit le masque rouge à Farandole.

La danseuse, on s'en souvient, était sortie de chez Berdin, le cabaretier de la rue de l'Arbre-Sec, vêtue des habits de mademoiselle Claire d'Azay, par-dessus lesquels elle avait jeté une ample pelisse à capuchon.

Elle laissa tomber le capuchon sur ses yeux.

« Entrez! » dit le masque rouge en la poussant dans un corridor.

La porte se referma derrière eux.

Alors le masque rouge se pencha à l'oreille du guichetier :

« Conduis-nous, dit-il.

Nous l'avons dit, il était minuit : il n'y avait plus à travers les corridors de la Conciergerie que les municipaux de service.

Quelques-uns dormaient dans leur guérite.

L'un d'eux croisa son fusil devant le masque rouge.

Celui-ci montra sa plaque de cuivre.

« Regarde bien, lui dit-il, c'est la nation qui le veut! »

Le municipal s'inclina.

Le cachot de mademoiselle de Vérinières était situé au rez-de-chaussée, à l'extrémité d'un corridor.

Quand le guichetier mit ses clefs dans les trois serrures de la porte, la belle jeune fille dormait.

Elle était couchée toute vêtue, sur un méchant lit de sangle.

Son abondante chevelure noire était dénouée et couvrait ses épaules deminues

Un sourire glissait sur ses lèvres entr'ouvertes, et son visage aux yeux fermés avait le calme et la sérénité que procure un doux rêve.

Le bruit de la porte s'ouvrant et se refermant ne l'éveilla point.

Le masque rouge et Farandole étaient

entrés seuls, munis d'une lanterne que leur avait donné le guichetier.

« Regardez là!.. » dit le masque rouge.

Farandole dirigea les rayons de la lanterne sur le visage de la jeune fille endormie, et étouffa un cri.

« Oh! dit-elle, si je n'étais debout et et les yeux ouverts, je croirais que c'est moi.

— Restez dans l'ombre, et donnez-moi la lanterne.

Farandole s'effaça dans le coin le plus obscur du cachot, et le masque rouge s'approcha du lit de saugle, la lanterne à la main.

Mais au moment où il allait la toucher légèrement pour l'éveiller, la dormeuse entr'ouvrit les lèvres et traduisit son rêve.

« Ah! mon cher chevalier, disait-elle,

— sans doute elle croyait causer avec

M. de Rochemaure; — figurez-vous que je

viens de faire un rêve affreux.

Elle fut silencieuse un moment, comme

si eût écouté la réponse du chevalier, puis

elle continua :

« Un rêve épouvantable, chevalier...

Figurez-vous que le roi était mort, que la

France était en république, qu'on appelait

la noblesse du surnom d'aristocrates, et qu'on lui affligeait un supplice étrange! On appelait cela *guillotiner*, du nom de je ne sais quel médecin qui avait inventé l'instrument...

— O mon Dieu! murmura Farandole, tandis que la dormeuse se taisait de nouveau.

Et la jeune fille cacha sa tête dans ses mains.

Mademoiselle de Vérinières, toujours endormie, continua :

« Nous étions tous condamnés à ce supplice; vous, moi, la pauvre marquise de la Bretauche, ce bon colonel du régiment de Champagne, le baron, le comte, l'abbé, qui sais-je encore? Les gens qui nous condamnaient étaient vêtus de noir... mais ils avaient des bonnets rouges! Oh! c'est très-drôle! mon pauvre chevalier. »

La dormeuse se mit à rire.

En ce moment le masque rouge dont sans doute le temps était précieux, dirigea sur elle les rayons de la lanterne.

La lumière l'éveilla.

« Ah! bon, fit-elle en ouvrant les yeux, voici que mon rêve recommence... Venez donc, chevalier... je vois un homme tout noir... tiens, il a un masque au lieu d'un bonnet... mais ce masque est rouge... c'est la même chose!

— Mademoiselle de Vérinières ! » dit le masque rouge avec gravité.

Elle se dressa sur son séant.

« Bon, dit-elle ! voici le premier de tous qui soit poli, il ne m'appelle pas citoyenne. »

Elle se frotta les yeux et s'éveilla tout à fait.

Mais le sourire n'abandonna point ses lèvres.

« Pauvre chevalier, dit-elle, je croyais lui raconter un rêve, et le rêve, c'est lui... la réalité, la voilà! «

Elle regarda le masque rouge et lui dit :

« Est-ce que vous venez me chercher, monsieur ?

— Oui, mademoiselle,

— Quelle heure est-il ?

— Minuit.

— On guillotine donc à toute heure, le jour, la nuit, continuellement ? »

Le masque rouge se tut.

« C'est égal, continua-t-elle j'aurais bien aimé revoir mon beau Paris une dernière fois... car il paraît qu'on uous mène là-bas en charrette.. c'est une manière de voiture découverte... comme nous en avions à la cour... quand il y avait une cour ! et voilà qu'on va me guillotiner la nuit.. Ah ! ce n'est pas bien... Et puis, il n'y aura personne... vous verrez... Fait-il froid, monsieur ?

— Oui, mademoiselle. »

Mademoiselle de Vérinières se leva, et pour la première fois, elle aperçut Farandole, dont le visage était caché par le capuchon de l'ample pelisse.

« Quelle est cette femme, dit-elle

— Une femme qui vous est dévouée. »

Ces mots la firent reculer d'un pas.

« Est-ce qu'il me reste quelqu'un de dévoué ? fit-elle avec amertume; mon père, mes frères, mes amis, le chevalier de Rochemaure sont morts.

— Vous vous trompez, le chevalier n'est pas mort. »

Elle eut un cri de joie.

« Ah ! dit-elle ensuite, vous me trompez !...

— Sur l'honneur ! je vous jure qu'il est vivant.

— Vrai ?

— Ai-je l'air de mentir ? dit le masque rouge d'une voix grave et émue.

— Ah ! s'il est vivant ! dit-elle, si vous ne me trompez pas, monsieur, avant de me conduire là-bas, vous me ferez un serment.

« Parlez, mademoiselle. »

Elle rejeta fièrement sa noble tête en arrière.

« Je ne sais pas qui vous êtes, dit-elle, vous qui pénétrez dans mon cachot, au milieu de la nuit et me venez chercher pour me conduire à la mort ; mais vous avez la voix bonne, et vous ne devez pas être un homme méchant.

— Assurément non, dit le masque rouge avec émotion.

— Eh! bien, reprit-elle, figurez-vous que j'aime le chevalier de Rochemaure, — oh! je puis le dire, à ma dernière heure! — je l'aime et n'aurai jamais d'autre époux que lui!... Or, hier, au tribunal révolutionnaire, ils m'ont condamnée... et je croyais qu'on allait me guillotiner... Point du tout!... savez-vous ce qu'ils ont fait, ce qu'ils ont dit, les misérables! Oh! c'est affreux! c'est épouvantable! Ils ont dit que j'étais enceinte.

Elle cacha dans ses mains son front rougissant.

« Comprenez-vous cela, dit-elle, des gens qui ne se contentent pas de prendre votre tête et qui viennent vous voler votre honneur ? Enceinte ! moi... Armande de Vérinières... moi la femme, devant Dieu, de ce pauvre chevalier !...

« Ah ! monsieur, vous allez me jurer...

— C'est inutile, mademoiselle.

— Inutile ?

— Sans doute ; le chevalier ne croira jamais une telle infamie.

— C'est vrai.

— Et puis, d'ailleurs... »

Cet homme eut un sourire d'ange à travers son masque, et sa voix émue devint joyeuse.

« Et puis, d'ailleurs, acheva-t-il, vous le lui direz vous-même.

— Moi ! moi !...

— Vous, mademoiselle.

— Mais je le verrai donc... avant de mourir?... s'écria-t-elle avec une ivresse folle.

— Nous l'espérons...

— Mais où est-il?... là peut-être... »

Et elle montrait la porte.

« Non, dit le masque rouge, il n'est pas là... et vous ne le verrez pas aujourd'hui.

Elle eut un geste de désespoir.

« Ah! dit-elle, je savais bien que vous me trompiez!

— Non, je vous le jure !

— Mais, puisque je vais mourir ! »

Le masque rouge lui prit la main.

« Pardonnez-moi ! dit-il, mais les natures héroïques comme la vôtre s'accoutument moins facilement à la pensée de vivre qu'à celle de mourir.

— Que voulez-vous dire ?

— Ce n'est point à la mort que je vais vous conduire.

— Où donc, mon Dieu ?

— Je vais vous rendre à la liberté. »

Armande de Vérinières jeta un cri et chancela.

« Ah ! dit-elle d'une voix brisée, vous avez raison, la joie fait mal. »

Le masque rouge la soutint dans ses bras.

« Voyons, dit-il, soyez forte !.. le temps presse...

— Mais la république daigne donc me faire grâce ?

— Non, la république vous a condamnée, mais c'est nous qui vous sauvons!..

— Qui vous ?

— Les amis du chevalier. »

Elle ferma les yeux, et une pâleur mortelle se répandit sur son visage, tandis qu'elle appuyait une main sur son cœur.

« O mon Dieu ! dit-elle, il me semble que je vais mourir tout de bon ! »

Immobile dans un coin, Farandole pleurait à chaudes larmes.

Armande, un moment défaillante, retrouva quelque énergie.

« Vous voulez me sauver ! dit-elle, mais comment ? »

Alors le masque rouge fit un signe, et Farandole sortit de la pénombre où elle était.

Elle releva son capuchon, et Armande de Vérinières recula d'un pas.

« Quelle est cette femme, s'écria-t-elle, qui est ma vivante image ?

— C'est une femme qui vient vous sauver.

— Elle ?

— Oui ?

— Mais comment ?

— Vous allez prendre ses habits.

— Et... après ?

— Après, vous me suivrez.

— Et... elle ?

— Elle restera ici.

Farandole s'était déjà débarrassée de son manteau.

Mais Armande ne bougea pas.

« Hâtez-vous, mademoiselle, dit le masque rouge, j'ai eu l'honneur de vous le dire, le temps presse.

Armande secoua la tête.

« Cette femme me ressemble, dit-elle ; elle me ressemble si parfaitement, si étrangement, j'ose le dire, que j'ai cru me voir dans une glace. Eh bien, si je prends ses habits, si je sors d'ici avec vous...

— Vous serez sauvée,

— Mais elle, dit la jeune fille, on la

guillotinera !... et je ne veux pas... moi.

Farandole se jeta aux genoux de mademoiselle de Vérinières, elle lui prit les deux mains et les baisa avec transport.

« Qu'importe, dit-elle, je mourrai si heureuse !

— Non, dit Armande.

— Si heureuse, en pensant que je vous ai sauvée ! » acheva la pauvre ballerine.

Armande la releva, la prit dans ses bras, l'y serra avec un fiévreux transport, et lui dit :

« Va-t'en ! je ne veux pas.

— Non, non, dit Farandole, au nom du ciel, au nom de celui que vous aimez, au nom de cette ressemblance dont je ne suis pas digne... je vous en supplie !

— Non, répéta Armande, je ne veux pas, je ne veux pas !

Alors le masque rouge, un moment silencieux, reprit la parole :

« Mademoiselle de Vérinières, dit-il, sur l'honneur, je vous jure que cette jeune fille ne mourra pas !

— Ah ! fit Armande, vous me dites cela, mais je ne vous crois pas !

— Je vons le jure !

— Sur quoi ? Avez-vous une mère ? Avez-vous une sœur ? Avez-vous aimé ? «

Le masque rouge répondit :

« Sur la tombe de ma mère, sur la vertu de ma sœur, sur l'honneur de mon malheureux pays, je vous l'affirme !

Il est des accents qui vont au cœur, des voix ardentes qui pénètrent l'âme. Armande s'écria :

« Je vous crois ! »

Et puis, une fois encore elle prit la danseuse dans ses bras et lui dit :

« Mais qui donc es-tu, toi ?

— Une pauvre fille des rues ! heureuse de vous arracher à la mort. »

Soudain un souvenir éclaira le cerveau troublé d'Armande de Vérinières.

« Non, dit-elle, tu es ma sœur !

— Votre sœur !.. exclama la danseuse... Ah ! est-ce possible ?

— Regarde-moi... et regarde-toi...

— Oui, nous nous ressemblons... mais c'est l'effet du hasard.

— Non, dit Armande... je me souviens maintenant... tu es ma sœur.. »

Elle prit dans ses mains la tête pâle et frémissante de la danseuse.

« Non, dit-elle, je ne me trompe pas... mon père avait un médaillon qu'il portait à son cou... ce médaillon représentait un enfant qui me ressemblait... et cependant ce n'était pas moi... Tu es ma sœur...

Et, en prononçant ces mots, elle hésitait encore à prendre les habits de la ballerine.

Farandole se remit à genoux.

« Eh bien, dit-elle, puisque je suis votre sœur, au nom de notre père, partez.

. . . .

Quelques minutes après, Farandole se couchait souriante et calme sur le lit de sangle de mademoiselle de Vérinières, et celle-ci sortait de la Conciergerie au bras du masque rouge, à qui la plaque de cuivre ouvrait toutes les portes.

FIN DU DEUXIÈME VOLUME

TABLE

DES CHAPITRES DU DEUXIEME VOLUME

Chapitre	V. Farandole.	49
—	VI. Dona Carmen.	101
—	VII. Le Marseillais.	149
—	VIII. Le pacte.	197
—	IX. La jupe écarlate.	241

Wassy. — Imp. Mougin-Dallemagne.

EN VENTE :

LES DEMOISELLES DE MAGASIN
Roman entièrement inédit, par CH. PAUL DE KOCK.

LES BOHÉMIENS DE LONDRES
par le vicomte PONSON DU TERRAIL, auteur de : Coquelicot, les Étudiants de Heidelberg, Amaury le Vengeur, etc.

LE MENDIANT DE TOLÈDE
par MOLÉ-GENTILHOMME et C. GUÉROULT, auteurs de : Roquevert l'Arquebusier, Robert le Ressuscité, etc.

LE BATARD DU ROI
par CLÉMENCE ROBERT, auteur de : les Bateleurs de Paris, Daniel le Laboureur, Nena-Saïb, la Tour Saint-Jacques, etc.

LES BUVEURS D'ABSINTHE
par HENRY DE KOCK, auteur de : les Démons de la mer, la Haine d'une Femme, Morte et Vivante, le Médecin des Voleurs.

BOB LE PENDU
par XAVIER DE MONTÉPIN auteur de : les Métamorphoses du Crime, les Compagnons de la Torche, le Parc aux Biches, Un Amour Maudit, les Marionnettes du Diable, etc.

ÉCOLIERS ET BANDITS
Drames du vieux quartier latin, par EDOUARD DEVICQUE, auteur de : le Chevalier de la Renaudie, etc., etc.

Wassy. — Imp. de Mougin-Dallemagne.

www.ingramcontent.com/pod-product-compliance
Lightning Source LLC
Chambersburg PA
CBHW060635170426
43199CB00012B/1560